TEF
TEST D'EVALUATION DE FRANÇAIS

250 activités

Sylvie PONS
Gaëlle KARCHER

CLE INTERNATIONAL

Direction éditoriale

Michèle Grandmangin

Responsable de projet
Édition multi-support

Pierre Carpentier

Conception graphique/Mise en page

CD Form S.L. y Paz Martínez de Juan

Illustrations

Enrique Cordero

Couverture

Conception et réalisation : 5 point com

© CLE International 2009 - ISBN 2-09-033348-0

AVANT-PROPOS

Cet ouvrage s'adresse à toutes les personnes qui souhaitent se préparer activement au TEF, **Test d'Évaluation de Français,** conçu par la **Chambre de Commerce et d'Industrie de Paris.**

Le TEF permet d'évaluer avec précision le niveau des compétences de communication en français des personnes ayant un projet d'études en France ou de mobilité internationale vers le Canada ou un autre pays francophone. Il est également utile aux personnes qui souhaitent attester leurs compétences en français dans un cadre professionnel ou qui veulent tout simplement connaître leur niveau actuel en français et se situer sur les échelles de référence internationale telles que le *Cadre européen commun de référence pour les langues* ou les *Standards linguistiques canadiens.*

Reprenant les différents types d'exercices et de documents-supports utilisés dans le TEF, les **250 activités** proposées dans cet ouvrage permettent de se préparer, compétence par compétence, aux diverses sections du TEF. Celles-ci correspondent à des objectifs d'évaluation et à des niveaux clairement identifiés et les auteurs proposent, pour chacune de ces sections, des conseils méthodologiques très utiles.

La partie *Test* propose un jeu complet du TEF. Elle permet ainsi de **simuler une vraie passation du TEF** et de s'auto-évaluer en calculant son score et son niveau de compétence en français.

Rédigé par des spécialistes de l'évaluation et des tests de langue, l'ouvrage ***TEF, 250 activités*** accompagnera efficacement l'enseignant ou le candidat dans la préparation au Test d'Évaluation de Français.

Guilhène Maratier-Decléty
Directrice des Relations Internationales de l'Enseignement
de la Chambre de Commerce et d'Industrie de Paris

e.tef

Nouveau ! Le TEF existe aussi au format électronique :
e-tef, version électronique du **TEF**, est proposé dans de nombreux centres agréés. Le candidat peut ainsi passer le test sur ordinateur et obtenir ses résultats en temps réel.

Sommaire

Introduction / Mode d'emploi

Pourquoi passer le TEF ?	5
Comment se présente le TEF ?	5
Les résultats	7
La fiche optique de réponse	8
Les niveaux	10

Activités d'entraînement

Compréhension écrite

Section A	12
Section B	18
Section C	31
Section D	36

Compréhension orale

Section A	39
Section B	44
Section C	54
Section D	61

Lexique / Structure

Section A	63
Section B	67
Section C	69
Section D	77

Expression orale

Section A	79
Section B	82

Expression écrite

Section A	85
Section B	87

Test d'entraînement

Compréhension écrite

Section A	90
Section B	93
Section C	101
Section D	105

Compréhension orale

Section A	107
Section B	110
Section C	116
Section D	120

Lexique / Structure

Section A	122
Section B	124
Section C	125
Section D	128

Introduction / Mode d'emploi

Pourquoi passer le TEF ?

Le **Test d'Evaluation de Français** (TEF), conçu et développé par la Chambre de Commerce et d'Industrie de Paris (CCIP), permet à tout public non francophone de mesurer et faire valider ses connaissances et ses compétences en français général.

Le **TEF** est utile dans le cadre :

- ✓ d'une procédure de recrutement
- ✓ d'un projet de poursuite d'études supérieures en France
- ✓ d'un projet de mobilité internationale

Aucun diplôme n'est requis pour se présenter aux épreuves du **TEF**. Par ailleurs, il est possible de s'y présenter plusieurs fois.

Comment se présente le TEF ?

Le **TEF** se compose de deux séries d'épreuves :

- ✓ Les épreuves **obligatoires** en trois parties.
- ✓ Les épreuves **facultatives** en deux parties.

LES TROIS ÉPREUVES OBLIGATOIRES :

Elles se présentent sous la forme d'un **Questionnaire à Choix Multiple** (QCM) de **150 questions** en vue d'une évaluation précise des compétences langagières. Une seule réponse est exacte parmi les quatre ou cinq choix proposés.

Les candidats répondent au QCM sur une fiche optique de réponse (voir explications page 8).

1ère épreuve

Compréhension écrite (CE) : 60 minutes ; 4 sections ; 50 questions.
Les questions s'appuient sur des supports et des activités variés, à fort contenu communicatif.
Le candidat est évalué sur sa capacité à :

- comprendre des documents authentiques de natures différentes et de complexité progressive : phrases simples utilisées dans une situation de communication courante, informations portant sur des événements, articles relatifs à la vie quotidienne, textes plus longs et complexes sur des sujets abstraits avec une prise de position de l'auteur ;
- identifier la nature de ces documents, le destinataire, la fonction, le thème principal, les informations essentielles puis détaillées et le point de vue de l'auteur ;
- comprendre la logique et l'organisation d'un article de presse ;
- trouver la bonne reformulation d'une phrase contenant une expression idiomatique.

2ème épreuve

Compréhension orale (CO) : 40 minutes ; 4 sections ; 60 questions.
Le candidat est évalué sur sa capacité à :

- comprendre les informations transmises dans des messages en français parlé de longueur et de complexité progressive : dialogues courts, annonces publiques, messages téléphoniques, informations courtes, émissions de radio, interviews ;
- discriminer des sons et les mettre en rapport avec leur graphie.

Les messages de la compréhension écrite sont enregistrés sur une cassette ou un CD audio. **Une fois la lecture de l'enregistrement commencée, celle-ci ne doit pas être arrêtée :**
- des pauses sont prévues sur l'enregistrement afin de laisser le temps aux candidats de lire les questions et d'y répondre.
- les documents peuvent être enregistrés une ou deux fois, en fonction des indications d'écoute données dans la consigne.

3ème épreuve

Lexique / Structure (LS) : 30 minutes ; 4 sections ; 40 questions.
Le candidat est évalué sur sa capacité à :
- comprendre le sens d'un mot dans une phrase ou un texte et choisir la reformulation correcte ;
- identifier la structure grammaticale appropriée dans un contexte précis ;
- repérer dans un texte des erreurs grammaticales ou orthographiques.

La durée totale des épreuves obligatoires est de 2 heures 10 + 20 minutes pour l'accueil des candidats et les formalités administratives.

LES DEUX ÉPREUVES FACULTATIVES :

Elles peuvent être passées dans un délai d'un an après la date de passation des épreuves obligatoires en complément de celles-ci.

1ère épreuve

Expression écrite (EE) : 60 min ; 2 sections ; 2 sujets à traiter.
- Section A : rédaction d'un article de fait divers construit.
- Section B : rédaction d'une lettre à propos d'un fait de société pour une rubrique *Courrier des lecteurs.*

Le candidat est évalué sur sa capacité à :
- rédiger un texte structuré et cohérent ;
- enchaîner les idées ;
- utiliser les temps du passé et un vocabulaire approprié ;
- donner son point de vue et argumenter.

2ème épreuve

Expression orale (EO) : 35 min ; **2 sections** ; 2 sujets à traiter.
Entretien individuel en présence de deux examinateurs.
- Section A : participation à un entretien formel dans le but de recueillir des renseignements.
- Section B : participation à un entretien informel autour d'un document.

Le candidat est évalué sur sa capacité à :
- se présenter et poser des questions pour obtenir des informations ;
- répondre aux sollicitations de ses interlocuteurs ;
- présenter en continu le contenu d'un document (sondages, publicités, extraits d'articles de presse) ;
- argumenter, expliquer les avantages et les inconvénients ;
- exposer son point de vue et convaincre.

Pour chaque section (A et B), un sujet est tiré au sort parmi deux sujets.

Résultats

Le centre agréé communique au candidat ses résultats, sous la forme d'une attestation **valable un an.** Sur cette attestation figurent :
- au recto, la répartition des points obtenus dans chaque épreuve ainsi que des commentaires détaillés pour chaque compétence évaluée ;
- au verso, un visuel des résultats.

L'évaluation pédagogique fournie est **précise**, **individualisée**, avec un contenu informatif supérieur à un simple total de bonnes réponses : pour chaque épreuve, viennent s'ajouter des commentaires donnant une évaluation qualitative.

Le candidat est évalué sur **une échelle de 7 niveaux** (voir page 9) qui s'étendent du niveau 0+ (capacités les plus élémentaires) au niveau 6 (maîtrise complète) indexés sur :
- les six niveaux de compétences du Cadre européen commun de référence pour les langues du Conseil de l'Europe ;
- les 12 niveaux des Standards Linguistiques Canadiens.

SCORE AUX ÉPREUVES OBLIGATOIRES

Le barème appliqué pour les épreuves obligatoires est le suivant :
- Bonne réponse : + 3 points
- Absence de réponse ou annulation de réponse : 0 point
- Mauvaise réponse ou réponses multiples : -1 point

Ne répondez pas au hasard, vous risquez de perdre des points !

AUTO-ÉVALUATION

Si vous souhaitez auto-évaluer votre niveau de français, répondez dans le temps imparti aux questions du test d'entraînement (page 89) sur la fiche optique de réponses (page 10). Vérifiez vos réponses à l'aide du livret de corrigés.
Pour calculer votre score, utilisez le mode de calcul simplifié* suivant :

	Bonnes réponses	Pas de réponse ou réponse annulée	Mauvaise réponse ou réponse multiple	TOTAL
CE	...... x 3 = ...	...... x 0 = 0	...... x (-1) = -......	= ...... / 150
CO	...... x 3 = ...	...... x 0 = 0	...... x (-1) = -......	= ...... / 180
LS	...... x 3 = ...	...... x 0 = 0	...... x (-1) = -......	= ...... / 120
			...... x (-1) = -......	= ...... / 450

Additionnez vos trois scores (CE + CO + LS) et multipliez le total par 2.
Vous obtenez ainsi votre score final sur 900 points.
Reportez vous ensuite au tableau de la page 10 pour vous situer sur l'échelle de niveaux.

*Le mode de calcul proposé ici est simplifié : le calcul des scores du TEF utilise également un système de coefficients.

La fiche optique de réponses

Lors de la passation du test, **vous devez répondre obligatoirement sur la fiche optique de réponses** qui vous sera remise.

Afin de vous familiariser avec ce procédé, nous vous proposons de vous exercer à partir de l'exemplaire de fiche optique que vous trouverez à la page suivante.

Nous vous conseillons au préalable de lire attentivement les explications ci-dessous.

Comment répondre sur la fiche optique ?

1/ Vous devez noircir à l'aide d'un **stylo à encre noire ou bleue** la case correspondant à votre réponse.
Exemple : à la question 3, vous pensez que la bonne réponse est « A », vous répondez sur la fiche, dans la zone blanche, de la façon suivante :

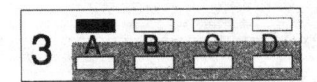

2/ Vous vous êtes trompé ?
N'effacez pas. Ne raturez pas.
Notez votre nouvelle réponse dans la zone grisée.
Exemple : vous avez répondu « A » mais, après avoir réfléchi, vous pensez que la bonne réponse est « B ». Vous changez votre réponse de la façon suivante :

Attention : en cas de réponses dans les deux zones (blanche et grisée), seule la réponse de la zone grisée est corrigée !

3/ Vous voulez annuler vos réponses. Noircissez toutes les cases des deux parties :

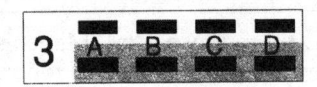

4/ Remarques importantes :
La fiche de réponses est corrigée par ordinateur.

a. ▭ , l'ordinateur lit le rectangle vide.

b. ▬ , l'ordinateur lit le rectangle plein.

c. ▬ ▭ ⊠ ☑ ⊡ , l'ordinateur ne lit pas toujours les réponses.

Afin que vos réponses soient correctement interprétées, veillez à noircir convenablement les cases.

N° de CODE

[0] [0] [0] [0] [0]
[1] [1] [1] [1] [1]
[2] [2] [2] [2] [2]
[3] [3] [3] [3] [3]
[4] [4] [4] [4] [4]
[5] [5] [5] [5] [5]
[6] [6] [6] [6] [6]
[7] [7] [7] [7] [7]
[8] [8] [8] [8] [8]
[9] [9] [9] [9] [9]

Lettre clé

[A] [K] [U]
[B] [L] [V]
[C] [M] [W]
[D] [N] [X]
[E] [O] [Y]
[F] [P] [Z]
[G] [Q]
[H] [R]
[I] [S]
[J] [T]

NOM :

PRENOM :

Pour cocher les cases :

Bon | Mauvais

POUR REMPLIR CE DOCUMENT :

Utilisez un stylo bille ou une pointe feutre noire ou bleue.

IMPORTANT : Si vous désirez modifier votre réponse, ne rayez pas, reportez votre nouvelle réponse dans la zone rouge foncé.

F.O.36

Fiche Optique conçue et réalisée par ProQCM

TEF
TEST D'EVALUATION DE FRANÇAIS

Compréhension Ecrite

Section A

1 A B C D
2 A B C D
3 A B C D
4 A B C D
5 A B C D
6 A B C D
7 A B C D
8 A B C D
9 A B C D
10 A B C D

Section B

11 A B C D
12 A B C D
13 A B C D
14 A B C D
15 A B C D
16 A B C D
17 A B C D
18 A B C D
19 A B C D
20 A B C D
21 A B C D
22 A B C D
23 A B C D
24 A B C D
25 A B C D
26 A B C D
27 A B C D
28 A B C D
29 A B C D
30 A B C D
31 A B C D
32 A B C D
33 A B C D
34 A B C D
35 A B C D

Section C

36 A B C D
37 A B C D
38 A B C D
39 A B C D
40 A B C D
41 A B C D
42 A B C D
43 A B C D
44 A B C D
45 A B C D

Section D

46 A B C D
47 A B C D
48 A B C D
49 A B C D
50 A B C D

Compréhension Orale

Section A

51 A B C D E
52 A B C D E
53 A B C D E
54 A B C D E
55 A B C D E
56 A B C D E
57 A B C D E
58 A B C D E

Section B

59 A B C D
60 A B C D
61 A B C D
62 A B C D
63 A B C D
64 A B C D
65 A B C D
66 A B C D
67 A B C D
68 A B C D
69 A B C D
70 A B C D
71 A B C D
72 A B C D
73 A B C D
74 A B C D
75 A B C D
76 A B C D
77 A B C D
78 A B C D
79 A B C D
80 A B C D
81 A B C D
82 A B C D
83 A B C D
84 A B C D

Section C

85 A B C D
86 A B C D
87 A B C D
88 A B C D
89 A B C D
90 A B C D
91 A B C D
92 A B C D
93 A B C D
94 A B C D
95 A B C D
96 A B C D
97 A B C D
98 A B C D
99 A B C D
100 A B C D

Section D

101 A B
102 A B
103 A B
104 A B
105 A B
106 A B
107 A B
108 A B
109 A B
110 A B

Lexique et Structure

Section A

111 A B C D
112 A B C D
113 A B C D
114 A B C D
115 A B C D
116 A B C D
117 A B C D
118 A B C D
119 A B C D
120 A B C D

Section B

121 A B C D
122 A B C D
123 A B C D
124 A B C D
125 A B C D

Section C

126 A B C D
127 A B C D
128 A B C D
129 A B C D
130 A B C D
131 A B C D
132 A B C D
133 A B C D
134 A B C D
135 A B C D
136 A B C D
137 A B C D
138 A B C D
139 A B C D
140 A B C D
141 A B C D
142 A B C D
143 A B C D
144 A B C D
145 A B C D

Section D

146 A B C D
147 A B C D
148 A B C D
149 A B C D
150 A B C D

Signature :

NE RIEN INSCRIRE DANS CE CADRE

DM 0 1 2 3 4 5 6 7 8 9
M 0 1 2 3 4 5 6 7 8 9
C 0 1 2 3 4 5 6 7 8 9
D 0 1 2 3 4 5 6 7 8 9
U 0 1 2 3 4 5 6 7 8 9

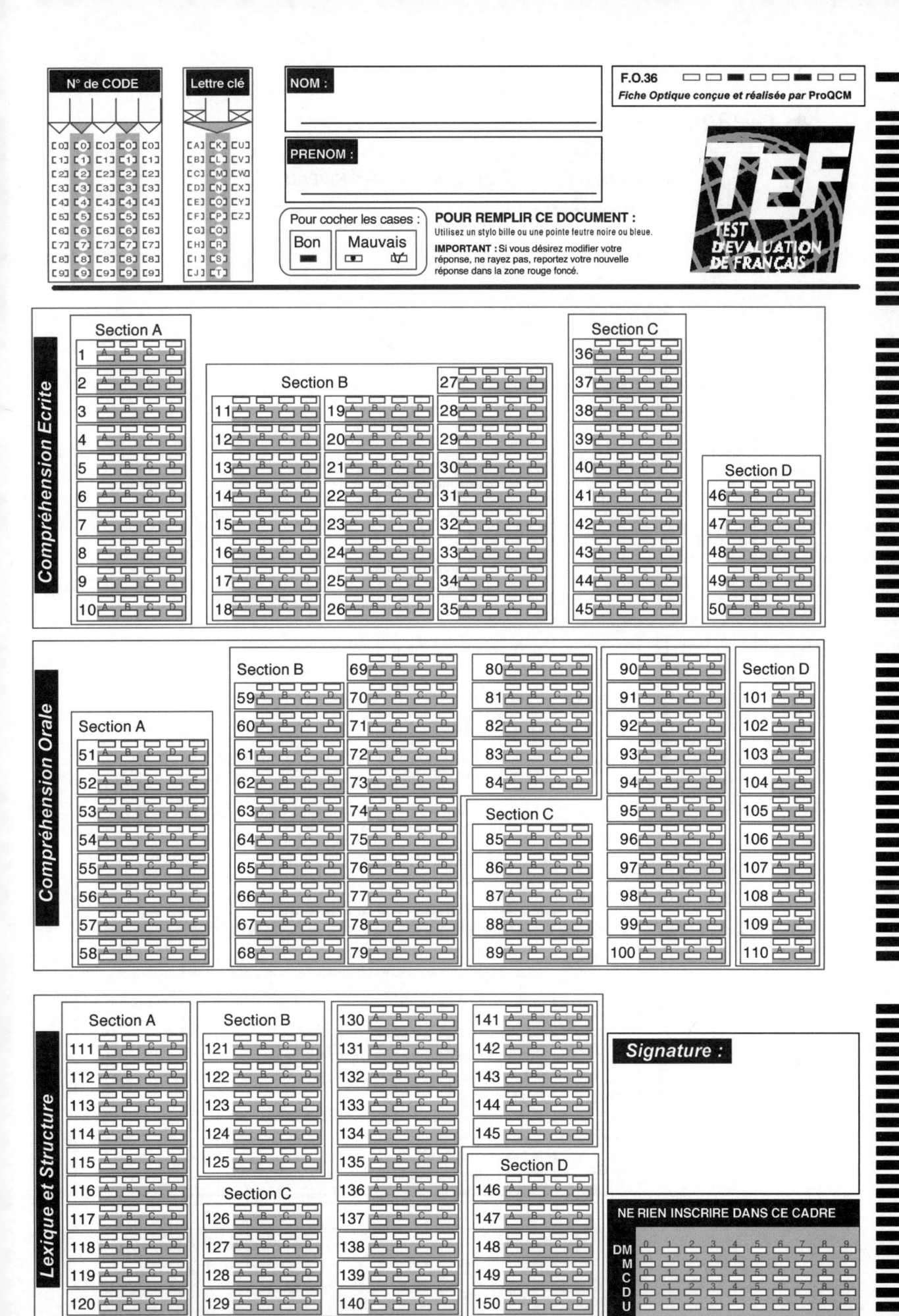

Les niveaux

CONSEIL DE L'EUROPE	NIVEAUX TEF	DESCRIPTION DES NIVEAUX	SLC*
UTILISATEUR EXPERIMENTÉ — C2	SUPERIEUR — 6 834-900	**Maîtrise complète de la langue.** Vous comprenez tout ce que vous lisez ou écoutez dans des domaines variés. Vous saisissez les nuances de la langue et interprétez avec finesse des documents complexes. Vous vous exprimez spontanément avec justesse et fluidité. Vous savez argumenter sur des sujets complexes.	12 11 — STADE IV ELEVE
UTILISATEUR EXPERIMENTÉ — C1	SUPERIEUR — 5 699-833	**Bonne maîtrise de la langue.** Vous comprenez dans le détail des textes complexes et des productions orales sur des sujets relatifs à la vie sociale et professionnelle. Vous vous exprimez avec assurance et précision sur des sujets variés.	10 9 8
UTILISATEUR INDEPENDANT — B2	INTERMEDIAIRE — 4 541-698	**Maîtrise générale de la langue.** Vous comprenez les informations détaillées des textes ou des productions orales traitant d'un sujet familier, concret ou abstrait. Vous vous exprimez clairement sur des sujets en relation avec votre domaine d'intérêt.	7 6 — STADE III MOYEN
UTILISATEUR INDEPENDANT — B1	INTERMEDIAIRE — 3 361-540	**Maîtrise limitée de la langue.** Vous comprenez les informations significatives des textes et des productions orales se rapportant à des situations connues ou prévisibles. Vous vous exprimez de manière compréhensible sur des sujets de la vie quotidienne.	5 4 — STADE II ELEMENTAIRE
UTILISATEUR ELEMENTAIRE — A2	ELEMENTAIRE — 2 204-360	**Maîtrise des structures de base de la langue.** Vous comprenez les informations pratiques de la vie courante dans les messages simples. Vous pouvez vous faire comprendre dans des situations familières et prévisibles.	3 2
UTILISATEUR ELEMENTAIRE — A1	ELEMENTAIRE — 1 69-203	**Connaissance basique de la langue.** Vous comprenez de courts énoncés s'ils sont connus et répétés. Vous savez exprimer des besoins élémentaires.	1 — STADE I NEANT
	ELEMENTAIRE — 0+ 0-68	Vous identifiez et reproduisez des mots isolés ou des expressions mémorisées.	0

*SLC = Standards Linguistiques Canadiens

Activités d'entraînement

Compréhension écrite

Section A

✓ **Objectif :** Identifier un document authentique court (maximum 80 mots)

✓ **Type de texte :** Pancartes, panneaux, petites annonces, notices, courriels, carte postale, faire-part, etc.

✓ **Niveaux :** 0+, 1, 2

Les questions à se poser

✗ **Comment se présente le document ? Quelle forme a-t-il ?**

✗ **Le document appartient-il au domaine public ?** (Ex : Panneaux de signalisation, annonce publicitaire…) **Ou au domaine professionnel ?** (Ex : Fiche téléphonique, note de service…) **Ou au domaine privé ?** (Ex : Faire-part, invitation, carte postale…)

✗ **Où peut-on trouver ce document ?** (Dans la rue, sur la porte d'un magasin, dans un bureau, dans sa boîte aux lettres, dans un journal…)

✗ **Qui a écrit le document ? À qui ?**

✗ **Pourquoi ce document a t-il été écrit ?** (Pour inviter, donner un conseil, demander un service, faire vendre, donner une instruction, réclamer…)

Dans cette section, vous prendrez connaissance des documents et vous répondrez aux questions correspondantes.
Pour chaque question, cochez la bonne réponse.

Niveau 0+

1. *Où peut-on lire ce message ?*

    A. Dans une maison. ☐
    B. Sur Internet. ☐
    C. Sur une lettre. ☐
    D. Dans un train. ☐

MONTRÉAL

Prévisions pour le samedi 14 avril

ensoleillé | MAX 16°
 | MIN 5°

2. *Où peut-on trouver cette inscription ?*

    A. Sur un médicament. ☐
    B. Sur un vêtement. ☐
    C. Sur un mur. ☐
    D. Sur une voiture. ☐

laver à la main à l'eau froide

3. *Ce document est*

    A. un faire-part. ☐
    B. une invitation. ☐
    C. une carte de visite. ☐
    D. une petite annonce. ☐

Bonjour, je m'appelle
GABIN
Je suis né à 8h30
le 25 mars 2005

Mes parents Jean-Luc et Anne sont fous de joie !

Jean Luc et Anne Lasalle
3 clos Lutèce
75007 Paris

4. Ce document s'adresse à :

A. Mme Chevalier. ☐
B. M. Barthélémy. ☐
C. l'agence Europa. ☐
D. Mme Chevalier et M. Barthélémy. ☐

> Message téléphonique
> Date : 31/03/2006
> Heure : 11h45
> Pour : Mme Dominique Chevalier
> De : M. Claude Barthélémy
> Société : Agence Europa
> Objet : Le rendez-vous est pour le 15 avril.

Niveau 1

5. **Question 1 :** Ce document est

A. une carte postale. ☐
B. un carton d'invitation. ☐
C. une carte de visite. ☐
D. une petite annonce. ☐

Question 2 : Ce message a été écrit pour

A. donner des nouvelles. ☐
B. inviter à une présentation d'objets. ☐
C. inciter à faire un voyage. ☐
D. annoncer sa nouvelle adresse. ☐

Pour vos cadeaux de Noël

Isabelle et Geneviève vous ont rapporté de leurs voyages des valises pleines de surprises exotiques et parfumées.

EXPOSITION - VENTE
proposée par Pat et Candie

Samedi 11 et dimanche 12 décembre de 11h à 19h

6. **Question 1 :** Quelle est la nature de ce document ?

A. Une annonce publicitaire. ☐
B. Un petit mot amical. ☐
C. Un avis de recherche. ☐
D. Une note professionnelle. ☐

Question 2 : Quelle est l'intention de ce message ?

A. Vendre un animal. ☐
B. Retrouver un animal. ☐
C. Donner un animal. ☐
D. Acheter un animal. ☐

> Poupette s'est perdue le 1er avril.
> Elle est noire, le poil mi-long, avec une tache blanche sur le museau. Si vous la trouvez, merci de nous appeler au
> 06 28 30 77 80

7.

Question 1 : Ce document est

- **A.** professionnel. ☐
- **B.** scolaire. ☐
- **C.** personnel. ☐
- **D.** publicitaire. ☐

Question 2 : Quelles sont les relations entre Bertrand et Julie ?

- **A.** Professeur / élève. ☐
- **B.** Frère / soeur. ☐
- **C.** Mari / femme. ☐
- **D.** Vendeur / cliente. ☐

Question 3 : Julie écrit pour

- **A.** inviter à un anniversaire. ☐
- **B.** demander un service. ☐
- **C.** rapporter un message. ☐
- **D.** annoncer un événement. ☐

Bertrand,

Est-ce que tu peux acheter le dernier CD de Bernard Lavilliers pour l'anniversaire de notre petite soeur ? Réponds-moi vite.

Julie

Niveau 2

8.

Question 1 : Cette petite annonce s'adresse à des personnes qui veulent

- **A.** rencontrer d'autres personnes. ☐
- **B.** acheter une maison ancienne. ☐
- **C.** louer un endroit pour les vacances. ☐
- **D.** trouver un travail à la campagne. ☐

Question 2 : Laquelle des informations suivantes n'est pas mentionnée ?

- **A.** La surface. ☐
- **B.** La région. ☐
- **C.** Les activités. ☐
- **D.** Le prix. ☐

REF : 8850

10 à 12 pers.
Sur un domaine de 100 ha, superbe demeure de 600 m², très joliment meublée.

A 10 KM AU SUD D'AIX-EN PROVENCE

De 1990€ à 3690€/sem

9.

Question 1 : Ce document fait la promotion

- **A.** d'une fête d'école. ☐
- **B.** d'un événement public. ☐
- **C.** de l'ouverture d'un restaurant. ☐
- **D.** de la réunion d'une association. ☐

3ᵉ Brocante
Vide-Grenier de la Croix-Rousse

Samedi 18 juin
De 7h à 19h
Place de la Croix-Rousse
Lyon 4ᵉ

Professionnels et particuliers : 5€/mètre/jour
Réservation : 04 70 20 50 00

Entrée gratuite
Boissons fraîches, Restauration
et Bonne humeur !

Organisée par Triangle Génération Humanitaire
69260 Lyon Cedex 09
www.trianglegh.org

Question 2 : Ce document s'adresse aux personnes qui souhaitent

- **A.** adhérer à une association humanitaire. ☐
- **B.** s'installer à Lyon. ☐
- **C.** exposer des objets anciens. ☐
- **D.** ouvrir un commerce. ☐

Question 3 : Quel est l'objectif de ce document ?

- **A.** recruter du personnel. ☐
- **B.** prévenir les habitants. ☐
- **C.** proposer un service. ☐
- **D.** faire une réservation. ☐

10.

De :	Virginie Belair
Reçu :	25 mai 2005
À :	Suzy, Catherine, Isabelle, Elodie, Geneviève
Objet :	Si vous voulez me voir...

Je serai à la galerie les 4, 5, 6, 7 de 14h à 19h et le 8 jusqu'à 16h. Après, je repars dans ma province et mes copines assureront les permanences. Je serai là aussi au vernissage, bien sûr. J'aurai plaisir à vous revoir.

Plein de bises
Virginie

Question 1 : Ce document est

- **A.** une annonce publicitaire. ☐
- **B.** une note de service. ☐
- **C.** un courriel amical. ☐
- **D.** une lettre administrative. ☐

Question 2 : Virginie a écrit ce message pour

- **A.** indiquer la date de son arrivée. ☐
- **B.** prévenir des horaires de sa présence. ☐
- **C.** donner les horaires d'ouverture de la galerie. ☐
- **D.** annoncer la date d'un vernissage d'exposition. ☐

Question 3 : À qui s'adresse ce message ?

- **A.** Aux autres exposants. ☐
- **B.** A tous les futurs visiteurs. ☐
- **C.** A des amis (es). ☐
- **D.** Au directeur de la galerie. ☐

II.

Question 1 : Ce document est

- **A.** une note de voyage. ☐
- **B.** un faire-part de mariage. ☐
- **C.** une annonce publicitaire. ☐
- **D.** une carte postale. ☐

Cher cousin,

On pense bien à toi sous le soleil de Martinique, les pieds dans l'eau turquoise et le verre de ti-punch à la main !

Gros bisous !

Clèm&Gaëtan

Sébastien Henri
17, route des moules
29420 QUIMPER

Question 2 : Ce message s'adresse à

- **A.** des amis. ☐
- **B.** de la famille. ☐
- **C.** des clients. ☐
- **D.** des collègues. ☐

Question 3 : Ce message a été écrit pour

- **A.** inviter à un voyage. ☐
- **B.** donner des nouvelles. ☐
- **C.** envoyer des voeux. ☐
- **D.** donner son adresse. ☐

Section B

- ✓ **Objectif :** Comprendre en détail un document de 200 à 300 mots
- ✓ **Type de texte :** Graphique, article de presse, lettre professionnelle, critique de cinéma, etc.
- ✓ **Niveaux :** 2, 3, 4, 5, 6

Les questions à se poser

- ✗ Quelle est la nature du document ? (Graphique, article, etc...)

- ✗ Y a-t-il un titre, des sous-titres ? Pouvez-vous deviner le thème du document à partir du titre ?

- ✗ Après une première lecture, sur quoi nous informe le document ? A qui s'adresse-t-il ? Quelle est la position de l'auteur ?

- ✗ Après une deuxième lecture, avez-vous souligné les mots ou phrases clés du document ? Avez-vous entouré les articulateurs ? (Mais, donc, en effet par conséquent, tout d'abord, etc.)

- ✗ En lisant les questions posées sur le document, pouvez-vous dire où se trouve l'information dans le texte ? (Dans un paragraphe, dans une phrase, dans le texte, dans son ensemble...)

Dans cette section, vous prendrez connaissance des documents et vous répondrez aux questions correspondantes.
Pour chaque question, cochez la bonne réponse.

Niveau 2

12.

Comment paient les Français
29,161 millions de paiements en moyenne sont effectués chaque jour

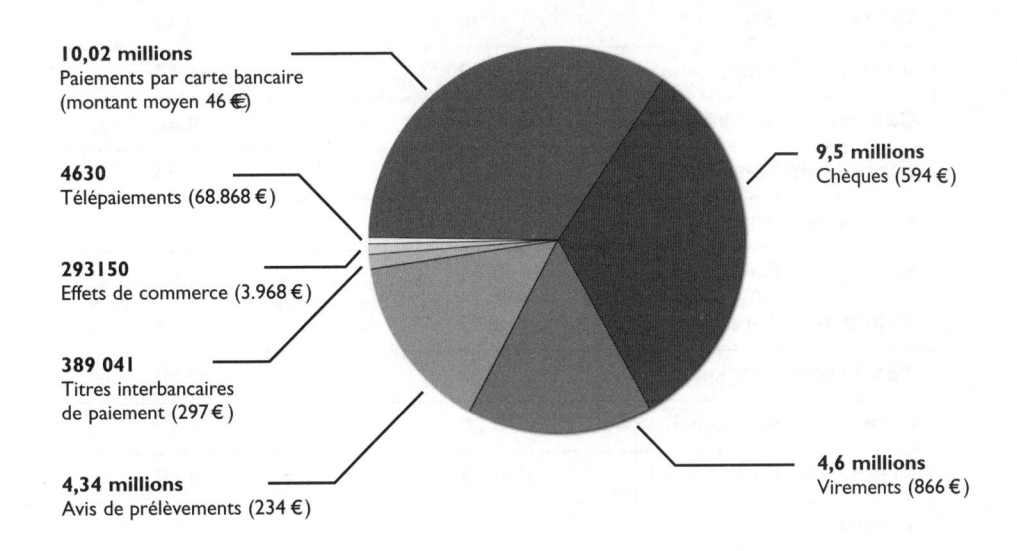

10,02 millions
Paiements par carte bancaire (montant moyen 46 €)

4630
Télépaiements (68.868 €)

293150
Effets de commerce (3.968 €)

389 041
Titres interbancaires de paiement (297 €)

4,34 millions
Avis de prélèvements (234 €)

9,5 millions
Chèques (594 €)

4,6 millions
Virements (866 €)

Question 1 : Ce graphique présente

    A. le montant en euros des sommes dépensées quotidiennement. ☐
    B. les moyens de paiement utilisés en France. ☐
    C. le prix moyen des services bancaires. ☐
    D. le montant des retraits effectués tous les jours. ☐

Question 2 : D'après ce graphique, le nombre de paiements effectués quotidiennement est d'environ

    A. 10 millions. ☐
    B. 20 millions. ☐
    C. 30 millions. ☐
    D. 40 millions. ☐

Question 3 : Ce graphique montre que les Français

    A. payent par chèque pour les montants les plus bas. ☐
    B. effectuent des virements à partir de 1000 euros seulement. ☐
    C. font moins d'opérations de virements que de prélèvements. ☐
    D. utilisent la carte bancaire pour les petites sommes. ☐

13.

Comparaison, en euros par litre, du prix de l'eau en bouteille et du gazole.

PAYS		EAU EN BOUTEILLE	GAZOLE
Brésil	Sao Paulo	0,90	0,49
Japon	Tokyo	0,90	1,12
Canada	Montréal	0,40	0,46
Etats-Unis	Washington	0,40	0,40
Colombie	Bogota	0,32	0,32
Sénégal	Dakar	0,31	0,64
Pakistan	Karachi	0,30	0,59
Thaïlande	Bangkok	0,28	0,30
Inde	New Delhi	0,20	0,45
Argentine	Buenos Aires	0,13	0,40
France	Paris	0,12	1

Question 1 : Quelle phrase résume le mieux ce document ?

A. L'eau est partout aussi chère que le gazole. ☐
B. L'eau reste en général moins chère que le gazole. ☐
C. L'eau est loin de rattraper le prix du gazole. ☐
D. Les prix de l'eau et du gazole sont en baisse dans le monde. ☐

Question 2 : Parmi ces affirmations, une seule est fausse, laquelle ?

A. Dans deux pays, le prix de l'eau et du gazole est identique. ☐
B. L'eau est plus chère que le gazole uniquement au Brésil. ☐
C. Au Sénégal, le gazole coûte presque deux fois plus cher que l'eau. ☐
D. Le pays où le gazole est le plus cher est aussi celui où l'eau est la moins chère. ☐

Question 3 : Le pays où la différence de prix entre l'eau et le gazole est la plus grande est

A. le Canada. ☐
B. la France. ☐
C. l'Argentine. ☐
D. le Japon. ☐

Niveau 3

14.

Question 1 : *Cette brasserie propose une formule qui*

- **A.** offre un repas complet. ☐
- **B.** permet de déguster des fruits de mer. ☐
- **C.** ne comprend pas la boisson. ☐
- **D.** est servie au déjeuner seulement. ☐

Question 2 : *On peut y manger*

- **A.** seulement assez tard le soir. ☐
- **B.** tout l'après-midi et en soirée. ☐
- **C.** jusqu'à deux heures du matin. ☐
- **D.** à l'heure du dîner uniquement. ☐

Brasserie Latour
18 huîtres de St Vaast + un verre de muscadet
9€90
D'autres plats à la carte
N'hésitez pas à nous consulter
SERVICE CONTINU DE 12H À MINUIT

15.

La société Findus a décidé de lancer une expérimentation pour tenter de mieux comprendre les habitudes alimentaires des Français. Dix familles ont été sélectionnées, cinq à Paris et cinq à Lyon. Elles ont accepté que soient installées deux caméras dans leur appartement, l'une à proximité de la télévision, l'autre dans la cuisine. Deux fois par jour, entre 12 heures et 14 heures puis de 18 heures à 22 heures, leur quotidien sera filmé. Au moment où le consommateur semble difficile à appréhender, à analyser, et où le débat sur la progression de l'obésité place les sociétés de l'agroalimentaire en première ligne, la société Findus a choisi l'analyse *in vivo* pour s'approcher d'une réalité qu'elle espère plus juste.

« Nous souhaitons observer les différences entre la vie rêvée des gens et leur vie réelle, explique le directeur du marketing de Findus. Le plus souvent, le développement de nouveaux produits s'effectue suite à des études déclaratives. Il y a également les enquêtes du Credoc sur les habitudes alimentaires. Or les Français déclarent, à 80%, manger ensemble, en famille. Il y a un filtre social, qui fait que souvent les gens répondent en disant non pas ce qu'ils font, mais ce qu'ils aimeraient faire ».

Cuisiniers, commerciaux, chefs de produits, responsables du marketing se partageront les travaux d'observation et d'analyse. *« Il y a une grande différence culturelle entre les milieux du marketing ou de la publicité et la France de tous les jours ».*
LE MONDE, mars 2005

Question 1 : *Choisissez le titre qui convient le mieux à cet article.*

- **A.** Les nouvelles façons de s'alimenter. ☐
- **B.** Mieux appréhender le rituel des repas. ☐
- **C.** Les habitudes alimentaires : résultat d'une enquête. ☐
- **D.** Influence de la télévision sur l'alimentation. ☐

Question 2 : Que pense la société Findus à propos de l'attitude des Français face aux enquêtes ?

- **A.** Ils y répondent rarement. ☐
- **B.** Ils s'autocensurent souvent. ☐
- **C.** Ils décrivent leur vie réelle. ☐
- **D.** Ils répondent souvent négativement. ☐

Question 3 : D'après la société Findus, cette expérience lui servira à

- **A.** mieux adapter ses produits au consommateur. ☐
- **B.** informer le consommateur sur les causes de l'obésité. ☐
- **C.** développer le goût du consommateur. ☐
- **D.** apprendre aux consommateurs à accommoder ses produits. ☐

Niveau 4

16.

« Comme si je voulais vivre pour deux »
Nicolas Viennot, 23 ans, a un frère de 15 ans polyhandicapé.

« Clément m'a apporté plus de tolérance, d'attention, de sensibilité envers les difficultés des autres. Je lui dois aussi une certaine philosophie : Profiter de la chance que j'ai d'être valide, faire la fête. Je me force à tourner les choses en dérision quand ça ne va pas. Un défi à la vie, en quelque sorte. Le pendant, c'est que je suis parfois un peu trop dans l'excès, comme si je voulais vivre pour deux. J'ai un caractère impulsif, l'envie de tout faire maintenant par peur de l'avenir. Je porte également un fort sentiment de révolte contre les injustices, quelquefois teinté d'amertume : J'ai beaucoup de mal avec l'affirmation *On naît tous égaux*. Ma sensibilité à fleur de peau me pousse parfois à des colères simplistes. Plus jeune, je prenais très mal tout ce qui m'arrivait de négatif. Mais je me suis aussi forgé une carapace qui m'aide à encaisser pas mal de choses, je me suis endurci sans me replier sur moi-même. Il m'est cependant toujours difficile de lutter contre ce sentiment de culpabilité, cette sensation de me défiler parce que mes parents doivent assumer tous les jours le handicap alors que moi, je fais ma vie ailleurs ».

Question 1 : De quel type de document s'agit-il ?

- **A.** Un témoignage publié dans un journal. ☐
- **B.** Une lettre écrite à un frère handicapé. ☐
- **C.** Un extrait de roman autobiographique. ☐
- **D.** Une réponse d'un psychologue. ☐

Question 2 : *L'expérience d'avoir un frère polyhandicapé a développé chez Nicolas*

- **A.** une très grande fragilité. ☐
- **B.** une vision négative de la vie. ☐
- **C.** une meilleure compréhension des autres. ☐
- **D.** une capacité à prendre tout au sérieux. ☐

Question 3 : *Pourquoi Nicolas se sent-il coupable ?*

- **A.** Parce que lui n'est pas né handicapé. ☐
- **B.** Parce qu'il profite trop de la vie. ☐
- **C.** Parce qu'il se met souvent en colère. ☐
- **D.** Parce qu'il a l'impression de fuir. ☐

17.

Domaine les Butinières
Paul Forez
Vigneron

Montlouis sur Loire, le 1er mars 2005

Madame, Monsieur,

C'est toujours un grand plaisir que ce moment privilégié de correspondance ! Le millésime 2004 est le fruit de conditions météorologiques favorables : un soleil généreux mais sans excès et une pluviométrie plutôt faible. Les vignes n'ont toutefois pas souffert de la sécheresse du fait de leur enracinement profond grâce au travail du sol. Malheureusement, l'automne n'a pas tenu ses promesses : un mois d'octobre humide et froid a freiné l'élan de ce bel été ! Malgré tout, grâce aux vendanges manuelles et triées, les vins de ce millésime 2004 resteront ceux d'une belle année, très expressifs et aromatiques. Ils se déclineront, pour les Montlouis sur Loire, du Sec en passant par le Demi-sec et le Moelleux. Vous pourrez venir les découvrir à notre cave dès le 15 avril.
Nous aurons le plaisir de vous présenter pour la première fois le Montlouis sur Loire Grande Réserve 1997, récolté dans les vignes plantées par mon arrière-grand-père dans les années 1910. Avis à ceux qui aiment conserver les « Grande Réserve » !
L'année 2005 verra aussi l'achèvement de la reconstruction de notre salle de dégustation dans une ancienne grange tourangelle, dans le style ancien et traditionnel.
Dans l'attente d'avoir le plaisir de vous revoir,

Paul Forez

Question 1 : *Cette lettre s'adresse en particulier*

- **A.** aux habitants de Montlouis sur Loire. ☐
- **B.** aux touristes étrangers. ☐
- **C.** aux clients habitués. ☐
- **D.** aux membres d'une famille. ☐

Question 2 : *Paul Forez écrit cette lettre pour*

A. annoncer l'ouverture d'un nouveau lieu. ☐
B. inviter à la dégustation du vin. ☐
C. se plaindre du mauvais temps. ☐
D. vanter de nouvelles techniques viticoles. ☐

Question 3 : *D'après cette lettre*

A. il y a eu trop de soleil. ☐
B. la récolte est faite à la main. ☐
C. les vignes viennent d'être plantées. ☐
D. le millésime est insatisfaisant. ☐

Question 4 : *La « réserve » dont parle Paul Forez représente*

A. la cave de l'arrière grand-père. ☐
B. les vignes plantées en 1910. ☐
C. un cru de 1997. ☐
D. un Montlouis sur Loire de 1910. ☐

18. L'eau sera un enjeu majeur du XXIe siècle, tant sur le plan écologique qu'économique. L'augmentation de la population mondiale – on comptera 2 milliards d'habitants supplémentaires en 2025 – devrait conduire, selon l'UNESCO, à une pénurie de cette ressource vitale. Les régions où le manque d'eau devient un problème récurrent sont de plus en plus nombreuses, un phénomène en partie dû aux changements climatiques observés actuellement. Dans les vingt ans à venir, on s'attend à une diminution d'un tiers de l'eau disponible pour chaque habitant de la planète. Pour lutter contre ce problème, les experts réunis en mars 2003 au 3ème Forum mondial de l'eau de Kyoto ont invité les pays participants à lutter contre le gaspillage, à améliorer l'irrigation et à investir dans des équipements. L'inquiétude vaut tant pour la quantité que pour la qualité de l'eau potable. Dans de nombreux pays, les eaux usées sont rejetées sans traitement dans les rivières. Avec des conséquences sur la santé que l'on peut imaginer, car de nombreuses maladies sont transmises par les eaux polluées. La production agricole et l'équilibre écologique sont aussi en danger. Certains pays envisagent la construction de barrages, comme vient de le faire la Chine sur le Yangtsé, l'aménagement de fleuves comme le Gange en Inde ou le dessalement des eaux saumâtres ou salées.

COURRIER INTERNATIONAL, avril 2005

Question 1 : Pourquoi l'eau sera-t-elle un enjeu majeur du XXIe siècle ?

- **A.** Parce que la qualité de l'eau se dégrade et rien n'est fait pour l'améliorer. ☐
- **B.** Parce que cette ressource n'est pas infinie et que la population ne cesse d'augmenter. ☐
- **C.** Parce que, dans une vingtaine d'années, un tiers des habitants de la planète n'aura plus d'eau. ☐
- **D.** Parce qu'en 2025 cette ressource ne sera plus potable dans la majorité des régions de la planète. ☐

Question 2 : Quelles solutions proposent les experts ?

- **A.** Contrôler la consommation d'eau par habitant. ☐
- **B.** Rationner la distribution mondiale d'eau. ☐
- **C.** Lutter contre le réchauffement climatique. ☐
- **D.** Changer les comportements et développer des infrastructures. ☐

Question 3 : Parmi les affirmations suivantes, une seule est fausse, laquelle ?

- **A.** La qualité de l'eau inquiète tout autant les experts. ☐
- **B.** les eaux polluées sont néfastes pour la santé. ☐
- **C.** La mauvaise qualité de l'eau perturbe l'écosystème. ☐
- **D.** Des barrages sont construits pour traiter les eaux usées. ☐

Niveau 5

19.

Faut-il avoir une dent contre les gommes ?

« Des gencives saines et des dents fortes » affirment les fabricants sur leurs emballages. Le chewing-gum est-il bon pour la santé ? Dès la Première Guerre mondiale, Wrigley vantait les mérites de sa pâte avec cet argument martial : *« Elle maintient le soldat en éveil ! »*. Les tablettes se sont ainsi glissées dans le paquetage des GI. En 1968, Hollywood avance une nouvelle vertu : mâcher relaxe. Dans son spot, des acteurs au bord de la crise de nerfs se calment subitement en mâchouillant. Le discours s'étoffe à partir de 1987, avec l'arrivée du chewing-gum sans sucre. Les marques jouent la carte de l'hygiène bucco-dentaire. Avec succès : le sans-sucre représente aujourd'hui près de 80% des ventes ! N'y a-t-il vraiment aucun risque de caries ? *« Aucun,* assure le Dr Caron, membre de l'Union française pour la santé bucco-dentaire. *Sans compter que la mastication permet de réduire 4 fois plus vite le taux d'acidité de la bouche, générateur de caries »*. La question est : Peut-on faire confiance à l'UFSBD, qui fait financer ses actions de prévention par les industriels ? *« L'Union n'a pas les moyens de réaliser ses propres spots de pub,* se défend le Dr Caron. *Nous faisons donc passer notre message de sensibilisation via des marques de chewing-gums. Chaque produit est testé en laboratoire, l'ordre des chirurgiens-dentistes donne son accord avant tout partenariat*

avec une marque. Mais cela reste un chewing-gum ; il n'y a pas d'effet miracle ! ». Les nutritionnistes comme Patrick Serog sont plus réservés : *« Pendant la mastication, on avale beaucoup d'air, ce qui provoque ballonnements et crises d'aérophagie. L'effet coupe-faim du chewing-gum vient de ces ballonnements ».* Les vertus du chewing-gum sont peut-être ailleurs… Une équipe de neurologues japonais a observé que la mastication provoquait une accélération de l'activité de l'hippocampe, zone du cerveau associée à la mémoire visuelle. À quand le chewing-gum *spécial bac* ?

Question 1 : *Que signifie le titre de cet article ?*

A. Gommes et dents font-ils bon ménage ? ☐
B. Faut-il avoir de bonnes dents pour mâcher les gommes ? ☐
C. Quelles sont les vertus des gommes pour les dents ? ☐
D. Les gommes sont-elles un produit miracle pour les dents ? ☐

Question 2 : *Parmi ces arguments publicitaires, un seul n'est pas utilisé par les marques de gommes. Lequel ?*

A. Le chewing-gum permet de se détendre. ☐
B. Le chewing-gum calme les douleurs dentaires. ☐
C. Le chewing-gum évite l'assoupissement. ☐
D. Le chewing-gum empêche la formation de caries. ☐

Question 3 : *D'après le Dr Caron, les industriels*

A. font de la publicité mensongère. ☐
B. financent la recherche de l'UFSBD. ☐
C. testent chaque produit en laboratoire. ☐
D. sont des partenaires fiables. ☐

Question 4 : *Que pensent les nutritionnistes du chewing-gum ?*

A. Il participe effectivement à l'hygiène bucco-dentaire. ☐
B. Il permet d'améliorer les performances de la mémoire. ☐
C. Il entraîne malheureusement de légers effets secondaires. ☐
D. Il peut provoquer des troubles chez les sportifs. ☐

20.

CINÉMA : *Les revenants*
Réalisé par Robin Campillo

Les morts vivants de Robin Campillo ne surgissent pas la nuit mais par un bel après-midi d'été, quittant tranquillement leur cimetière en un cortège pédestre à dominante beige et pastel. Ils ont l'âge qu'ils avaient à leur mort mais sans les stigmates d'une maladie ou d'un accident.

La vision presque radieuse d'un phénomène pour le moins effrayant est l'une des bonnes idées de ce film : l'image possède la clarté supposée rassurante des pubs télé du matin valorisant le troisième âge, mais la lenteur extrême des mouvements, la fixité des regards distillent à dose infime une part de grotesque et un profond malaise. Nombre de séquences montrent d'ailleurs les mesures concrètes de la municipalité pour répondre rationnellement à l'événement : accueil, hébergement, suivi et réinsertion professionnelle des ex-morts. Mais dans l'intimité des foyers, c'est l'hébétude face au prodige que constitue la présence d'un être dont on avait fait le deuil. Ainsi de l'épouse du maire, d'un enfant unique dont les parents avaient vidé la chambre ou un accidenté de la route à nouveau dans le lit de son ex-compagne. Le film fait songer au premier épisode d'un feuilleton expérimental que l'auteur aurait tourné avant d'écrire les suivants. Plusieurs hypothèses prometteuses sont développées. Il y a le thriller. Il y a la rêverie plastique et feutrée, parfois envoûtante, du metteur en scène autour de ses créatures, de leur déplacement, de leurs accents. Il y a aussi la métaphore politique du réfugié, de l'indésirable. Et il n'est pas non plus interdit de sourire, avec le cinéaste plutôt que sur son dos, de la malveillance de certains revenants.

Dommage qu'aucune de ces directions, également intéressantes, ne s'impose. Que faire des revenants, population insaisissable et belle chimère de cinéma ? Le casse-tête semble s'être imposé de façon aussi aiguë au cinéma qu'à ses mortels circonspects.

TÉLÉRAMA, octobre 2004

Question 1 : *Le film de Robin Campillo appartient à quel genre ?*

- **A.** Horreur. ☐
- **B.** Drame. ☐
- **C.** Fantastique. ☐
- **D.** Science fiction. ☐

Question 2 : *Quelle phrase résume le mieux l'histoire ?*

- **A.** Des personnes mortes reprennent la vie là où ils l'avaient laissée. ☐
- **B.** Des revenants décident de fonder une nouvelle ville. ☐
- **C.** Des morts-vivants se révoltent dans un cimetière. ☐
- **D.** Des habitants décident de participer à une farce macabre. ☐

Question 3 : *Quel sentiment inspire le retour des morts à leurs proches ?*

- **A.** Le dégoût. ☐
- **B.** Le bonheur. ☐
- **C.** La stupéfaction. ☐
- **D.** Le malaise. ☐

Question 4 : D'après cette critique

A. les images provoquent toujours la même émotion chez le spectateur. ☐
B. le cinéaste n'a pas su choisir une idée-phare pour guider l'intrigue. ☐
C. le film est intéressant de bout en bout et fait souvent rire le spectateur. ☐
D. le problème soulevé par le retour des morts a été subtilement résolu. ☐

Niveau 6

21.
L'étiquette radio séduit tout autant qu'elle inquiète
Les puces fonctionnant selon la technologie de radio-identification (*radio-frequency indentification* ou *RFId*, selon la terminologie américaine qui s'est imposée) ne prolifèrent pas encore mais s'insinuent chaque jour davantage dans notre société. Pour des entreprises telles que celles de la grande distribution, qui gèrent des stocks de produits énormes, c'est l'idéal. L'étiquette intelligente peut éviter les contorsions du contact direct jusque-là indispensables entre le lecteur et le code-barres, tout en contenant davantage d'informations. L'américain Wal-Mart et l'allemand Metro viennent donc de l'adopter, en rêvant sans doute au jour où les caisses des supermarchés n'auront plus qu'à décrypter en quelques secondes le contenu d'un chariot entier. A terme, pour le secteur de la distribution et l'industrie en général, la *RFId* peut aider à réduire les stocks, à améliorer la lutte contre le vol et la contrefaçon et parfaire la traçabilité des produits : couplée à un capteur de température, la puce pourrait signaler, par exemple, toute rupture dans la chaîne du froid...

Les autorités fédérales américaines ont fait savoir, en janvier, qu'elles testeraient, dès l'été, une adaptation de ce procédé qui permettrait d'accélérer le passage des postes-frontières par les véhicules équipés. Sous l'objectif louable affiché – résorber les files d'attente – les associations de défense des libertés civiles ont immédiatement décrypté le besoin d'en savoir plus sur ceux qui entrent et qui sortent du territoire.

De fait, la contestation des dérives que pourraient engendrer les étiquettes intelligentes s'est rapidement organisée aux Etats-Unis. Une association s'est entièrement dévouée à cette lutte. Sur Internet, des firmes comme Gillette ou Benetton, qui avaient envisagé de recourir à la nouvelle technologie, ont essuyé un tollé. Comme souvent, la rumeur a amplifié la frayeur. Un canular a laissé croire que plusieurs États avaient décidé d'identifier les sans-abri grâce à des puces sous-cutanées.

Un argument principal fédère les craintes : dans une société de consommation où chaque individu est entouré de milliers d'objets, l'analyse à distance des caractéristiques de ces produits peut être assimilée à un profilage qui porte atteinte à la vie privée. « *Le débat doit être ouvert pour que chacun connaisse les risques, mais aussi les grands avantages de la RFID*, estime, de son côté, Gilbert Reyne, spécialiste des matériaux actifs et des applications pour un environnement intelligent. *Cette nouvelle technologie a besoin d'être encadrée, mais il faut bien comprendre que nous changeons d'époque : les objets ne resteront plus inertes par rapport aux hommes* ».
LE MONDE, mars 2005

Question 1 : Que signifie le titre de cet article ?

A. L'accueil réservé à l'étiquette radio est négatif. ☐
B. L'étiquette radio plaît et terrorise à la fois. ☐
C. On est tous conditionné par les étiquettes radio. ☐
D. L'étiquette radio a des avantages et des inconvénients. ☐

Question 2 : *D'après cet article, les puces permettant l'identification des produits*

A. envahissent notre quotidien et saturent le consommateur. ☐
B. commencent à être redoutées par les industriels et les investisseurs. ☐
C. ont, heureusement, des applications relativement limitées. ☐
D. sont considérées comme néfastes par les associations de consommateurs. ☐

Question 3 : *Quel danger comporte la RFId ?*

A. Elle permet de contrôler le parcours complet d'un produit. ☐
B. Elle peut inciter au vol et à la contrefaçon. ☐
C. Elle donne des informations d'ordre personnel. ☐
D. Elle pourrait déclencher des canulars et des rumeurs. ☐

Question 4 : *Quelle est la position du spécialiste Gilbert Reynes par rapport à la RFId ?*

A. Ses risques sont sous-estimés par rapport à ses avantages. ☐
B. Les objets deviennent actifs : c'est une évolution normale de la technologie. ☐
C. Les hommes ne resteront pas passifs par rapport à son évolution. ☐
D. Il faut organiser un débat pour décider de chacune de ses applications. ☐

22. Ce « Cauchemar... » qui nous réveille

Plus de 200 000 entrées en deux mois, des spectateurs qui se mobilisent : à partir de la pêche en Tanzanie, *Le Cauchemar de Darwin* montre les ravages de la mondialisation.

Quels que soient la ville et le cinéma, la réaction est presque toujours la même. Une grande stupeur, suivie d'une irrépressible envie de parler et d'agir. Sur l'écran, le générique de fin du *Cauchemar de Darwin* termine de défiler, mais les spectateurs restent cloués sur leur fauteuil. Puis vient le temps des questions en rafales. Pourquoi, comment, quelle attitude adopter ? Comme dans ce petit cinéma, à La Courneuve, où l'on a refait le monde en brassant, en vrac, les thèmes de la colonisation, de la dette du tiers-monde et même... de la Constitution européenne. (…)

Un cauchemar à l'état de veille, ça secoue, forcément. Son décor ? Une ville de Tanzanie, sur les bords du lac Victoria. Son héros ? La perche du Nil, énorme poisson introduit dans le lac dans les années 60. Après avoir dévoré toute la faune aquatique, elle remplit les poches des industriels qui exportent sa chair. Au détriment de la population locale, que l'on voit réduite à manger des restes putrides. Avec sa petite caméra numérique, le réalisateur franco-autrichien Hubert Sauper assène ses coups, plan après plan, et décrypte le mécanisme implacable de la mondialisation et de ses ravages.

Depuis près de deux mois, ce redoutable documentaire, coproduit par cinq pays, dont la France, l'Autriche et le Canada, travaille les consciences et fait parler de lui. Personne n'attendait un tel succès, surtout pas les distributeurs français du film. (...)

Une fois passé le cap de la première semaine d'exploitation, le bouche-à-oreille a fonctionné à plein. Déjà couvert de récompenses (quinze prix dans quinze festivals du monde entier), *Le Cauchemar de Darwin* a dépassé les deux cent mille entrées. Destin de rêve pour un documentaire au sujet peu engageant, réalisé par un cinéaste inconnu. (...) Un destin que ne suffisent pas à expliquer le titre accrocheur, l'affiche efficace ou la bonne couverture médiatique. Pour le distributeur, un autre élément explique ce succès : *« Le film est arrivé à un moment où, référendum oblige, on s'interroge beaucoup sur la politique, sur les conséquences de la mondialisation et les rapports Nord-Sud »*. Si les perches du Nil ont fait mouche, c'est aussi parce que le documentaire établit un lien entre la situation tanzanienne et le quotidien des Européens. En l'occurrence, leur manière de consommer. Ainsi, pour soulager leur mauvaise conscience, certains croient avoir trouvé la solution : le boycott. Objet d'un commerce que le film assimile à du pillage, la perche du Nil ne passera plus par leur assiette.
TÉLÉRAMA, mai 2005

Question 1 : *Cet article*

A. fait la critique du documentaire réalisé par Hubert Sauter. ☐
B. donne les raisons du succès du « Cauchemar de Darwin ». ☐
C. propose une analyse des ravages de la mondialisation. ☐
D. dénonce les risques de consommation de perches du Nil. ☐

Question 2 : Le Cauchemar de Darwin *provoque chez le spectateur*

A. un dégoût profond. ☐
B. un étonnement sans lendemain. ☐
C. une mauvaise conscience. ☐
D. un sommeil de plomb. ☐

Question 3 : *Quelle est la réaction de certains spectateurs après avoir vu le film ?*

A. Ils décident d'arrêter de consommer le poisson du lac Victoria. ☐
B. Ils boycottent l'ensemble des produits de Tanzanie. ☐
C. Ils s'engagent dans des associations altermondialistes. ☐
D. Ils commercialisent la perche du Nil en plus grande quantité. ☐

Question 4 : *Pour les distributeurs, le succès inattendu de ce film s'explique surtout par*

A. un bouche-à-oreille réussi. ☐
B. une bonne campagne publicitaire. ☐
C. un contexte politico-économique tendu. ☐
D. une prise de conscience du quotidien des Européens. ☐

Section C

✓ **Objectif :** Comprendre la logique d'un document
✓ **Type de texte :** Texte lacunaire, texte dans le désordre
✓ **Niveaux :** 1, 3, 5

Les questions à se poser

TEXTE LACUNAIRE

✗ Quelle est la proposition la plus logique d'après l'ensemble du texte ?

✗ Est-ce qu'elle s'enchaîne bien avec la phrase précédente ? Est-ce que la proposition choisie s'enchaîne bien aussi avec la phrase suivante ?

TEXTE DANS LE DÉSORDRE

✗ Y a-t-il des indices pour repérer la phrase d'introduction (cher, salut....), la phrase de conclusion (je t'embrasse...) ?

✗ Est-ce que j'ai repéré et classé par ordre de logique les articulateurs ?

Niveaux 3 et 5

**Dans les textes suivants, cinq phrases ont été supprimées.
Retrouvez chacune d'elles parmi les quatre propositions. Pour chaque question, cochez la bonne réponse.**

Travailler plus pour gagner plus

(1) ____ Elle a 27 ans et neuf d'ancienneté dans un des sites d'un groupe agroalimentaire. Elle pourrait pourtant être séduite par le développement des heures supplémentaires. **(2)** ____ Le seul oubli des politiques, ce sont les conditions de travail. Moi, je suis à la chaîne dans un abattoir au service de découpe, souvent dans des frigos. **(3)** ____ On est déjà à trente neuf heures de travail par semaine, compensé par 10 jours de RTT. **(4)** ____ même si c'est pour gagner 20 ou même 40 euros de plus par mois, je ne suis pas d'accord ! Je préfère garder du temps libre pour me reposer **(5)** ____ Beaucoup de gens ne se rendent pas compte du travail qu'on fait. C'est très dur !

1. **A.** Ce slogan fait sourire Laetitia. ☐
    B. Cette devise est celle de tous. ☐
    C. Cette proposition ne plaît pas du tout. ☐
    D. C'est ce que Laetitia a accepté de faire. ☐

2. **A.** Car elle n'a jamais de problème de fins de mois. ☐
    B. Finalement, elle veut prendre une année sabbatique. ☐
    C. En effet, son salaire atteint tout juste 1000 euros par mois. ☐
    D. Son souhait ? Travailler à temps partiel. ☐

3. **A.** Je suis complètement isolée. ☐
    B. La chaleur est insupportable. ☐
    C. J'ai beaucoup de libertés. ☐
    D. Il y fait très froid. ☐

4. **A.** Cependant, je n'ai pas beaucoup de temps à moi ☐
    B. En effet, je ne travaille pas beaucoup ☐
    C. Alors, échanger ces heures contre de l'argent ☐
    D. C'est pourquoi, vu l'insuffisance de mon salaire ☐

5. **A.** en effet, je ne tiendrai pas le coup ☐
    B. sinon je paierai physiquement ☐
    C. d'ailleurs, je ne suis jamais au repos ☐
    D. en fait, je ne prendrai pas mes congés ☐

24. Laver son linge sale

Aujourd'hui, le lave-linge s'est installé dans toutes les familles et personne n'oserait contester son utilité. **(1)** _____ Ainsi en est-il des machines à laver sèche-linge, grosses consommatrices d'électricité et très peu performantes puisqu'il est souvent nécessaire de renouveler le cycle de séchage. **(2)** _____ Les lessives modernes et les nouvelles techniques de lavage suffisent à vous procurer un linge parfaitement propre et vous épargnerez 15% d'énergie.

(3) _____ Pensez par exemple à remplir toujours complètement vos machines sinon utilisez la touche demi-charge, **(4)** _____ Il existe aussi des petites balles en caoutchouc qui reproduisent l'effet de l'ancien battoir à linge que nos grand-mères utilisaient. **(5)** _____ , privilégiez celles ne contenant pas de phosphates, qui asphyxient les cours d'eau par la prolifération d'algues.

1.
   A. Néanmoins, certains professionnels nous mettent en garde. ☐
   B. D'ailleurs les dernières innovations le prouvent. ☐
   C. Tout d'abord, aucune des nouveautés sur le marché n'est critiquée. ☐
   D. Cependant, quelques « innovations » laissent perplexe. ☐

2.
   A. En revanche, la fonction « prélavage » est plutôt utile. ☐
   B. C'est pourquoi la plupart des fonctions sont nécessaires. ☐
   C. De même, la fonction « prélavage » est presque toujours superflue. ☐
   D. Pourtant, cette fonction s'avère généralement économique. ☐

3.
   A. Pour réduire votre budget linge, faites attention à la machine que vous achetez. ☐
   B. Des petits trucs peuvent aussi réduire votre budget linge. ☐
   C. Ce qui nous montre que les solutions existent pour économiser. ☐
   D. Il faut savoir cependant qu'il est difficile de faire plus d'économies. ☐

4.
   A. vous économiserez ainsi 50% d'eau. ☐
   B. mais attendez avant de lancer la machine. ☐
   C. et vous utiliserez un peu plus d'eau. ☐
   D. afin de mieux laver le linge. ☐

5.
   A. Mais restez vigilants, ☐
   B. Bref pour les machines à laver, ☐
   C. En effet celles-ci sont recyclées, ☐
   D. Quant aux lessives, ☐

Dans les textes suivants, les phrases ont été mises dans le désordre. Reconstituez ces textes en mettant les phrases dans l'ordre. Cochez la bonne réponse.

Niveau 1

25.
1. Cette ville est très belle.
2. J'habite dans le centre avec Corinne.
3. Je suis en vacances à Bruxelles.
4. On visite les musées ensemble.

A. 3-2-1-4 ☐
B. 2-1-4-3 ☐
C. 3-1-2-4 ☐
D. 4-2-3-1 ☐

26.
1. Je cherche un ami en Europe.
2. Salut, je m'appelle Adrienne.
3. J'aimerais correspondre avec lui.
4. Je suis québécoise et j'ai 14 ans.

A. 1-4-2-3 ☐
B. 2-4-1-3 ☐
C. 4-1-3-2 ☐
D. 2-1-3-4 ☐

27.
1. Je t'embrasse !
2. Je suis à Londres pour quelques mois.
3. J'espère que tu vas bientôt venir me voir.
4. J'aime cette ville mais je ne parle pas bien anglais.

A. 3-1-4-2 ☐
B. 2-4-3-1 ☐
C. 1-3-4-2 ☐
D. 2-4-1-3 ☐

28.
1. Vous allez d'abord chercher Eric à l'école.
2. Enfin, à la maison, vous lui donnez un bain.
3. Voilà votre programme pour ce soir.
4. Puis vous l'emmenez au jardin.

A. 3-1-4-2 ☐
B. 1-3-2-4 ☐
C. 3-4-2-1 ☐
D. 1-4-3-2 ☐

Niveau 3

29.
1. Pelez les gousses d'ail et frottez les tranches de pain grillé.
2. Saupoudrez les toasts de paprika et servez chaud.
3. Coupez le pain en tranches, faites-le griller.
4. Déposez dessus une cuillerée de brandade de morue, et passez-les au four.

- A. 2-4-1-3 ☐
- B. 1-3-2-4 ☐
- C. 4-2-3-1 ☐
- D. 3-1-4-2 ☐

30.
1. Cette personne s'est trompée d'étiquette code-barre.
2. Il sera renvoyé dès réception au professeur correcteur de grammaire.
3. Merci de nous le faire parvenir le plus rapidement possible.
4. Suite à l'appel de madame Riboux, je vous informe que le devoir que vous avez reçu à ce nom est en fait un devoir de grammaire.

- A. 4-1-3-2 ☐
- B. 3-2-4-1 ☐
- C. 2-4-3-1 ☐
- D. 4-3-1-2 ☐

31.
1. Ce sont elles qui ont assuré la marche du village pendant la guerre.
2. Dans la pagode du village, les femmes boivent le thé.
3. Leur rôle est si important qu'on les surnomme les « généraux de l'intérieur ».
4. Ce sont elles aujourd'hui qui veillent à la prospérité du village.

- A. 2-4-3-1 ☐
- B. 2-1-3-4 ☐
- C. 3-1-4-2 ☐
- D. 4-3-2-1 ☐

32.
1. Les artistes harcelés, par peur des représailles choisissent en effet le silence.
2. Victime d'harcèlement moral, il a décidé d'agir au nom de tous ceux qui se taisent.
3. Le chanteur Amaury poursuit en justice sa maison de disque.
4. Le verdict tombera dans un mois, nous vous tiendrons au courant.

- A. 3-2-1-4 ☐
- B. 1-3-2-4 ☐
- C. 3-4-1-2 ☐
- D. 2-3-1-4 ☐

Section D

✓ **Objectif :** Comprendre le sens général d'une phrase
✓ **Niveaux :** 0+, 2, 4

Dans cette section, dix phrases sont proposées et, pour chacune d'elles, quatre reformulations.
Pour chaque question, choisissez la reformulation qui a le sens le plus proche de la phrase originale. Cochez la bonne réponse.

Niveau 0+

33. *Je déteste le sucre.*

- **A.** Je n'aime pas le sucre. ☐
- **B.** Je voudrais du sucre. ☐
- **C.** Je ne veux pas de sucre. ☐
- **D.** J'adore le sucre. ☐

34. *Pardon, je suis désolé.*

- **A.** Je vous remercie. ☐
- **B.** Je m'excuse. ☐
- **C.** S'il vous plaît. ☐
- **D.** Au revoir. ☐

Niveau 2

35. *Pendant la conférence, **on m'a coupé la parole plusieurs fois.***

- **A.** on n'était pas toujours d'accord avec moi. ☐
- **B.** on ne m'a pas toujours laissé finir mes phrases. ☐
- **C.** on a violemment manifesté son opinion. ☐
- **D.** on a coupé mon discours en plusieurs parties. ☐

36. *Si tu veux, **on va prendre un pot.***

    A. on va acheter un bouquet. ☐
    B. on va apporter une bouteille. ☐
    C. on va boire un verre. ☐
    D. on va aller en boîte. ☐

37. ***Prière de nous appeler rapidement.***

    A. Nous vous remercions de nous appeler rapidement. ☐
    B. Ce n'est pas la peine de nous appeler rapidement. ☐
    C. Nous exigeons que vous nous appeliez rapidement. ☐
    D. Il vous est demandé de nous appeler rapidement. ☐

Niveau 4

38. ***TF1 a fait un carton*** *grâce à Depardieu dans* Le Comte de Monte-Cristo.

    A. TF1 a essuyé un gros échec. ☐
    B. TF1 a remporté un grand succès. ☐
    C. TF1 a vécu un gouffre financier. ☐
    D. TF1 a dépassé le budget prévu. ☐

39. ***La fin du film laisse un peu à désirer.***

    A. La fin du film se fait attendre. ☐
    B. La fin du film est imparfaite. ☐
    C. La fin du film est plutôt réussie. ☐
    D. La fin du film est satisfaisante. ☐

40. ***Vous devez suivre à la lettre les indications notées dans ce manuel.***

    A. Vous devez respecter scrupuleusement les indications. ☐
    B. Vous devez lire toutes les indications du manuel. ☐
    C. Vous devez sélectionner les indications qui vous intéressent. ☐
    D. Vous devez écrire les indications notées dans ce manuel. ☐

41. *Tant que je serai là tu ne bougeras pas.*

- **A.** Maintenant que je suis là, tu peux t'en aller. ☐
- **B.** Aussi longtemps que je resterai là tu ne t'en iras pas. ☐
- **C.** Tu ne bougeras pas une fois que je serai parti. ☐
- **D.** Tu resteras là jusqu'à ce que je parte. ☐

42. *Avant nous, aucun étranger ne s'était aventuré dans ce coin.*

- **A.** Personne n'était jamais venu ici avant nous. ☐
- **B.** Un seul étranger était venu dans le coin avant nous. ☐
- **C.** Aucun étranger, avant nous, n'avait eu d'aventure. ☐
- **D.** Avant nous, quelqu'un avait déjà eu une aventure ici. ☐

Compréhension orale

Section A

✓ **Objectif :** Associer des illustrations à un message oral
✓ **Type de documents :** Dialogues ou monologues proposant une description
✓ **Niveaux :** 1, 3

Les questions à se poser

✗ *Sur l'image :*

Que représente l'image ?
- Des personnages ? (Âge, profession, expressions du visage)
- Des objets ? Quelle catégorie ? (Meubles, vêtements, matériel scolaire, professionnel…)
- Des animaux ? Lesquels ?
- Des lieux ? Intérieur, extérieur ?

✗ *À l'écoute :*

La conversation est-elle formelle ou familière ? (Intonation de la voix, *tu* ou *vous*) Qui parle ? (Hommes, femmes, enfants, couple, vendeur / vendeuse, etc.)

Niveau 1

43. Vous allez entendre <u>deux fois</u> une cliente commander des vêtements au téléphone.

Voici les dessins de cinq vêtements :

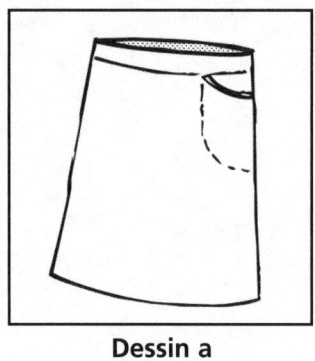

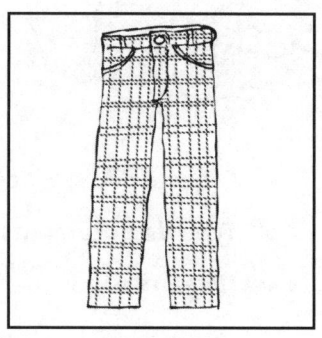

Dessin a

Dessin b

Dessin c

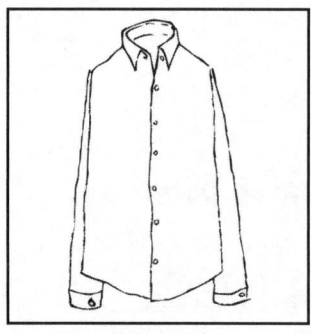

Dessin d

Dessin e

Écoutez l'enregistrement et indiquez à quel dessin correspond chaque vêtement décrit.

Attention, il y a cinq dessins pour seulement quatre vêtements mentionnés !

Premier article commandé :

    Dessin **a** ☐   Dessin **b** ☐   Dessin **c** ☐   Dessin **d** ☐   Dessin **e** ☐

Deuxième article commandé :

    Dessin **a** ☐   Dessin **b** ☐   Dessin **c** ☐   Dessin **d** ☐   Dessin **e** ☐

Troisième article commandé :

    Dessin **a** ☐   Dessin **b** ☐   Dessin **c** ☐   Dessin **d** ☐   Dessin **e** ☐

Quatrième article commandé :

    Dessin **a** ☐   Dessin **b** ☐   Dessin **c** ☐   Dessin **d** ☐   Dessin **e** ☐

Niveau 2

44. Vous allez entendre <u>deux fois</u> une mère parler des activités sportives pratiquées par sa fille.
Voici les dessins de cinq activités sportives :

Dessin a    **Dessin b**    **Dessin c**

Dessin d    **Dessin e**

Écoutez l'enregistrement et indiquez à quel dessin correspond chaque activité décrite.
Attention, il y a cinq dessins pour seulement quatre activités sportives décrites !

Première activité sportive :

　　　　Dessin **a** ☐　　　Dessin **b** ☐　　　Dessin **c** ☐　　　Dessin **d** ☐　　　Dessin **e** ☐

Deuxième activité sportive :

　　　　Dessin **a** ☐　　　Dessin **b** ☐　　　Dessin **c** ☐　　　Dessin **d** ☐　　　Dessin **e** ☐

Troisième activité sportive :

　　　　Dessin **a** ☐　　　Dessin **b** ☐　　　Dessin **c** ☐　　　Dessin **d** ☐　　　Dessin **e** ☐

Quatrième activité sportive :

　　　　Dessin **a** ☐　　　Dessin **b** ☐　　　Dessin **c** ☐　　　Dessin **d** ☐　　　Dessin **e** ☐

Niveau 3

45. Vous allez entendre <u>deux fois</u> une grand-mère parler des émissions télévisées qu'elle regarde.
Voici les dessins de cinq émissions de télévision :

Dessin a    Dessin b 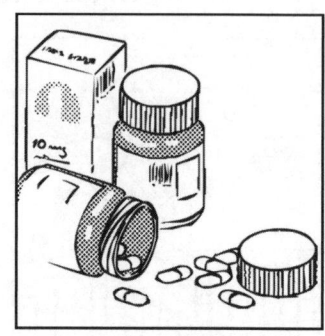   Dessin c

Dessin d    Dessin e

Écoutez l'enregistrement et indiquez à quel dessin correspond chaque émission du programme du jour.
Attention, il y a cinq dessins pour seulement quatre émissions télévisées au programme !

Première émission du jour :

Dessin **a** ☐   Dessin **b** ☐   Dessin **c** ☐   Dessin **d** ☐   Dessin **e** ☐

Deuxième émission du jour :

Dessin **a** ☐   Dessin **b** ☐   Dessin **c** ☐   Dessin **d** ☐   Dessin **e** ☐

Troisième émission du jour :

Dessin **a** ☐   Dessin **b** ☐   Dessin **c** ☐   Dessin **d** ☐   Dessin **e** ☐

Quatrième émission du jour :

Dessin **a** ☐   Dessin **b** ☐   Dessin **c** ☐   Dessin **d** ☐   Dessin **e** ☐

46. Vous allez entendre <u>deux fois</u> une personne parler des nouveaux meubles installés dans sa maison.
Voici les dessins de cinq meubles :

Dessin a

Dessin b

Dessin c

Dessin d

Dessin e

Écoutez l'enregistrement et indiquez à quel dessin correspond chaque meuble décrit.
Attention, il y a cinq dessins pour seulement quatre meubles mentionnés !

Premier meuble :
        Dessin **a** ☐   Dessin **b** ☐   Dessin **c** ☐   Dessin **d** ☐   Dessin **e** ☐

Deuxième meuble :
        Dessin **a** ☐   Dessin **b** ☐   Dessin **c** ☐   Dessin **d** ☐   Dessin **e** ☐

Troisième meuble :
        Dessin **a** ☐   Dessin **b** ☐   Dessin **c** ☐   Dessin **d** ☐   Dessin **e** ☐

Quatrième meuble :
        Dessin **a** ☐   Dessin **b** ☐   Dessin **c** ☐   Dessin **d** ☐   Dessin **e** ☐

Section B

✓ **Objectif :** Identifier une situation de communication et l'intention du locuteur à travers des messages courts
✓ **Type de documents :** Messages sur répondeur, annonces dans un lieu public, informations courtes extraites du journal radio
✓ **Niveaux :** 0+, 1, 2, 3, 4

Les questions à se poser

✗ **Sur les messages répondeur**
Le message est-il formel ou informel ? Utilise-t-on le tutoiement (tu) ou le vouvoiement (vous) ? Quelles sont les formules de congé utilisées ? (Bises, à bientôt, etc.)
Qui parle ?
À qui s'adresse le message ?
Pourquoi la personne appelle-t-elle ? (Demander ou donner un renseignement, un service, une réponse, un accord, une date, proposer une sortie, un rendez-vous, faire des reproches…)

✗ **Sur les annonces dans un lieu public**
À qui s'adresse l'annonce ? Sur quoi porte-t-elle ?

✗ **Sur les informations radio**
Quel est le sujet de l'information ? (Le temps, le sport, la sortie d'un film…)
Dans quelle rubrique s'inscrit-elle ? (Faits-divers, météo, culture, horoscope, politique, économie, société…)
Y a-t-il des indices de lieu et de temps ?

Messages répondeur

Vous allez entendre douze messages sur répondeur téléphonique.
Écoutez une première fois l'enregistrement et répondez à la première question : indiquez si le message a un caractère familial, amical, professionnel ou publicitaire.
Écoutez une seconde fois l'enregistrement et répondez à la deuxième question : indiquez pourquoi la personne appelle.

Niveaux 0+ / 2

47.

Question 1 : Ce message a un caractère

- **A.** familial. ☐
- **B.** amical. ☐
- **C.** professionnel. ☐
- **D.** publicitaire. ☐

Question 2 : La personne appelle pour demander

- **A.** d'apporter un pique-nique. ☐
- **B.** d'attendre dans le parc du château. ☐
- **C.** de monter dans le bus 97. ☐
- **D.** d'inviter toute la classe. ☐

48.

Question 1 : Ce message a un caractère

- **A.** familial. ☐
- **B.** amical. ☐
- **C.** professionnel. ☐
- **D.** publicitaire. ☐

Question 2 : La personne appelle pour

- **A.** fixer la date d'une fête. ☐
- **B.** souhaiter un événement. ☐
- **C.** proposer une invitation au restaurant. ☐
- **D.** dire qu'elle apporte le dessert. ☐

49.

Question 1 : Ce message a un caractère

- **A.** familial. ☐
- **B.** amical. ☐
- **C.** professionnel. ☐
- **D.** publicitaire. ☐

Question 2 : *La personne appelle pour*

A. passer une commande d'invitations. ☐
B. se plaindre d'un retard de livraison. ☐
C. donner un délai supplémentaire. ☐
D. accuser réception de 1000 invitations. ☐

50.

Question 1 : *Ce message a un caractère*

A. familial. ☐
B. amical. ☐
C. professionnel. ☐
D. publicitaire. ☐

Question 2 : *La personne appelle pour*

A. proposer une sortie. ☐
B. prévenir de son retour. ☐
C. confirmer une réunion de famille. ☐
D. refuser une invitation. ☐

51.

Question 1 : *Ce message a un caractère*

A. familial. ☐
B. amical. ☐
C. professionnel. ☐
D. publicitaire. ☐

Question 2 : *La personne appelle pour*

A. annuler un rendez-vous. ☐
B. proposer un travail. ☐
C. prendre des nouvelles. ☐
D. convoquer le destinataire à un entretien. ☐

52.

Question 1 : Ce message a un caractère

A. familial. ☐
B. amical. ☐
C. professionnel. ☐
D. publicitaire. ☐

Question 2 : La personne appelle pour

A. demander une idée de cadeau. ☐
B. inviter à un anniversaire. ☐
C. rappeler son arrivée. ☐
D. signaler qu'elle a oublié ses clés. ☐

53.

Question 1 : Ce message a un caractère

A. familial. ☐
B. amical. ☐
C. professionnel. ☐
D. publicitaire. ☐

Question 2 : La personne appelle pour

A. prévenir d'un accident. ☐
B. proposer un petit dîner. ☐
C. organiser une sortie à cheval. ☐
D. avertir d'un retard. ☐

Niveaux 2 / 3

54.

Question 1 : Ce message a un caractère

A. familial. ☐
B. amical. ☐
C. professionnel. ☐
D. publicitaire. ☐

Question 2 : La personne appelle pour

    A. présenter un produit. ☐
    B. louer un appartement. ☐
    C. acheter un appartement. ☐
    D. attirer un nouveau client. ☐

55.

Question 1 : Ce message a un caractère

    A. familial. ☐
    B. amical. ☐
    C. professionnel. ☐
    D. publicitaire. ☐

Question 2 : La personne appelle M. Laporte pour

    A. lui vendre une voiture d'occasion. ☐
    B. l'avertir qu'il peut récupérer sa voiture. ☐
    C. lui indiquer le montant d'une réparation. ☐
    D. lui donner les horaires d'ouverture. ☐

56.

Question 1 : Ce message a un caractère

    A. familial. ☐
    B. amical. ☐
    C. professionnel. ☐
    D. publicitaire. ☐

Question 2 : La personne appelle pour

    A. féliciter un premier client. ☐
    B. réclamer 4000 euros. ☐
    C. vendre une nouvelle voiture. ☐
    D. proposer une remise sur une réparation. ☐

57.

Question 1 : Ce message a un caractère

    A. familial. ☐
    B. amical. ☐
    C. professionnel. ☐
    D. publicitaire. ☐

Question 2 : *La personne appelle pour*

    A. donner des nouvelles. ☐
    B. accepter une invitation. ☐
    C. annoncer son mariage. ☐
    D. participer à un voyage. ☐

58.

Question 1 : *Ce message a un caractère*

    A. familial. ☐
    B. amical. ☐
    C. professionnel. ☐
    D. publicitaire. ☐

Question 2 : *La personne appelle pour*

    A. déplacer un rendez-vous. ☐
    B. vendre un studio. ☐
    C. visiter un studio. ☐
    D. fixer une date de visite. ☐

Annonces lieux publics

Vous allez entendre six messages enregistrés dans un lieu public.
Attention, vous n'entendrez chaque message <u>qu'une fois</u> !
Lisez les questions correspondant à chaque message.
Écoutez le message et répondez aux questions.

Niveau 1

59.

Question 1 : *On peut entendre ce message*

    A. dans un bar-tabac. ☐
    B. dans un avion. ☐
    C. dans un cinéma. ☐
    D. dans un train. ☐

Question 2 : *Dans ce message, on demande*

A. d'éteindre son portable. ☐
B. de venir récupérer son portable. ☐
C. de laisser son portable à l'entrée. ☐
D. de donner son numéro de portable. ☐

60.

Question 1 : *Ce message s'adresse aux passagers*

A. d'un train. ☐
B. d'un avion. ☐
C. d'un bus. ☐
D. d'un bateau. ☐

Question 2 : *Il est demandé aux passagers*

A. de signaler les bagages suspects. ☐
B. de quitter les voitures 15 et 16. ☐
C. de composter leurs billets. ☐
D. de venir chercher un sac. ☐

Niveau 2

61.

Question 1 : *On peut entendre ce message*

A. sur un chantier. ☐
B. d'un avion. ☐
C. dans un aéroport. ☐
D. dans une gare. ☐

Question 2 : *On annonce*

A. une annulation. ☐
B. une arrivée. ☐
C. un retard. ☐
D. un départ. ☐

62.

Question 1 : *Ce message est diffusé*

    A. dans une gare. ☐
    B. dans un aéroport. ☐
    C. dans un avion. ☐
    D. dans un train. ☐

Question 2 : *Ce message annonce*

    A. le retard de certains trains. ☐
    B. l'annulation de certains vols. ☐
    C. l'arrivée des voyageurs. ☐
    D. l'embarquement des passagers. ☐

Niveau 3

63.

Question 1 : *Ce message est diffusé*

    A. dans la rue. ☐
    B. dans un cirque. ☐
    C. dans un supermarché. ☐
    D. dans une cafétéria. ☐

Question 2 : *Ce message propose*

    A. une dégustation dans l'Aveyron. ☐
    B. une promotion sur un saucisson. ☐
    C. un concours du meilleur saucisson. ☐
    D. une offre spéciale sur toute la charcuterie. ☐

64.

Question 1 : *Ce message est diffusé*

    A. dans un parc d'attraction. ☐
    B. dans un cinéma. ☐
    C. dans un opéra. ☐
    D. dans un concert. ☐

Question 2 : *On demande aux spectateurs*

    A. de rentrer dans la salle. ☐
    B. de changer de place. ☐
    C. de payer l'entrée à la caisse. ☐
    D. de sortir de la salle. ☐

Informations radiophoniques

Vous allez entendre dix informations courtes extraites d'un journal radiophonique.
Attention, vous n'entendrez chaque information <u>qu'une fois</u>.
Indiquez la rubrique correspondant à chacune de ces informations.

Niveau 0+

65.
    A. Voyages. ☐
    B. Sports. ☐
    C. Politique. ☐
    D. Économie. ☐

66.
    A. Météo. ☐
    B. Tourisme. ☐
    C. Société. ☐
    D. Santé. ☐

Niveau 1

67.
    A. Agro-alimentaire. ☐
    B. Société. ☐
    C. Faits divers. ☐
    D. Spectacles. ☐

68.
    A. Sports. ☐
    B. Faits divers. ☐
    C. Société. ☐
    D. Culture. ☐

Niveau 4

69.
- **A.** Faits divers. ☐
- **B.** Tourisme. ☐
- **C.** Culture. ☐
- **D.** Loisirs. ☐

70.
- **A.** Sciences. ☐
- **B.** Environnement. ☐
- **C.** Faits divers. ☐
- **D.** International. ☐

71.
- **A.** Météo. ☐
- **B.** Culture. ☐
- **C.** Politique. ☐
- **D.** Faits divers. ☐

72.
- **A.** Affaires étrangères. ☐
- **B.** Tourisme. ☐
- **C.** Environnement. ☐
- **D.** Santé. ☐

73.
- **A.** Économie. ☐
- **B.** International. ☐
- **C.** Sciences. ☐
- **D.** Tourisme. ☐

74.
- **A.** Société. ☐
- **B.** Économie. ☐
- **C.** Politique. ☐
- **D.** Culture. ☐

Section C

✓ **Objectifs :** Identifier une situation de communication ; identifier les sentiments ou opinions exprimés ; reconnaître les idées principales et secondaires dans des messages longs

✓ **Type de documents :** Sondages, entrevues radiophoniques

✓ **Niveaux :** 4, 5, 6

Les questions à se poser

✗ Sur les sondages

Quel est le fait de société abordé ? Quel domaine concerne-t-il ? (L'éducation, l'argent, le travail, les vacances…)
Quels sont les premiers mots que la personne prononce en réponse à la question ? Quel est le ton de sa voix ? (Hésitant, catégorique…)

✗ Sur les entrevues radiophoniques

– Après une première écoute, suis-je en mesure de répondre aux questions suivantes : Qui parle ? De quoi ? À qui ?

– Ai-je repéré dans le message les réponses données aux questions posées ?

– Après une deuxième écoute, ai-je noté les mots ou phrases clés figurant dans les réponses de la personne interrogée ? Suis-je capable d'identifier les sentiments et l'opinion de la personne interrogée ?

Sondages

Vous allez entendre des personnes répondre à des questions de société. Attention, vous n'entendrez chaque personne <u>qu'une fois</u>. Indiquez la réponse de chaque personne interrogée.

Niveaux 4 / 5

75. *Faut-il surveiller les enfants quand ils sont sur Internet ?*

La personne n° 1

A. est complètement d'accord. ☐
B. est plutôt pour. ☐
C. est plutôt contre. ☐
D. ne se prononce pas. ☐

La personne n° 2

A. est complètement d'accord. ☐
B. est plutôt pour. ☐
C. est plutôt contre. ☐
D. ne se prononce pas. ☐

La personne n° 3

A. est complètement d'accord. ☐
B. est plutôt pour. ☐
C. est plutôt contre. ☐
D. ne se prononce pas. ☐

La personne n° 4

A. est complètement d'accord. ☐
B. est plutôt pour. ☐
C. est plutôt contre. ☐
D. ne se prononce pas. ☐

La personne n° 5

A. est complètement d'accord. ☐
B. est plutôt pour. ☐
C. est plutôt contre. ☐
D. ne se prononce pas. ☐

La personne n° 6

A. est complètement d'accord. ☐
B. est plutôt pour. ☐
C. est plutôt contre. ☐
D. ne se prononce pas. ☐

76. *Prenez-vous vos médicaments en toute confiance ?*

La personne n° 1

A. prend ses médicaments en toute confiance. ☐
B. prends ses médicaments avec des réserves. ☐
C. prend ses médicaments avec une grande méfiance. ☐
D. ne se prononce pas. ☐

La personne n° 2

- **A.** prend ses médicaments en toute confiance. ☐
- **B.** prends ses médicaments avec des réserves. ☐
- **C.** prend ses médicaments avec une grande méfiance. ☐
- **D.** ne se prononce pas. ☐

La personne n° 3

- **A.** prend ses médicaments en toute confiance. ☐
- **B.** prends ses médicaments avec des réserves. ☐
- **C.** prend ses médicaments avec une grande méfiance. ☐
- **D.** ne se prononce pas. ☐

La personne n° 4

- **A.** prend ses médicaments en toute confiance. ☐
- **B.** prends ses médicaments avec des réserves. ☐
- **C.** prend ses médicaments avec une grande méfiance. ☐
- **D.** ne se prononce pas. ☐

La personne n° 5

- **A.** prend ses médicaments en toute confiance. ☐
- **B.** prends ses médicaments avec des réserves. ☐
- **C.** prend ses médicaments avec une grande méfiance. ☐
- **D.** ne se prononce pas. ☐

La personne n° 6

- **A.** prend ses médicaments en toute confiance. ☐
- **B.** prends ses médicaments avec des réserves. ☐
- **C.** prend ses médicaments avec une grande méfiance. ☐
- **D.** ne se prononce pas. ☐

Entretiens radiophoniques

Vous allez entendre <u>deux fois</u> six longs messages.
Pour chaque message, lisez d'abord les questions.
Écoutez une première fois l'enregistrement et commencez à répondre.
Écoutez une deuxième fois les messages et complétez vos réponses.

Niveau 4

77.

Question 1 : *Le journaliste parle*

A. d'une émission de télé sur les pompiers. ☐
B. d'une série sur les métiers héroïques. ☐
C. d'un spectacle joué par des pompiers. ☐
D. d'un reportage dans une caserne de pompiers. ☐

Question 2 : *Le titre du programme dont parle le journaliste est*

A. Le Capitaine Berthier. ☐
B. Le Commandant du centre de secours d'Aubagne. ☐
C. Les pompiers, ces hommes, ces héros. ☐
D. Les différentes facettes du métier de pompier. ☐

Question 3 : *La mission du pompier consiste à*

A. secourir les personnes uniquement. ☐
B. protéger les hommes et la nature. ☐
C. informer et divertir la population. ☐
D. risquer sa vie pour en sauver d'autres. ☐

78.

Question 1 : *Céline Pasteur s'est présentée au concours du festival de mode de Dinard parce que*

A. elle en rêvait depuis longtemps. ☐
B. son cousin et elle sont originaires de cette région. ☐
C. c'était une occasion de pouvoir se lancer. ☐
D. les concurrents étaient peu nombreux. ☐

Question 2 : *Sa collection du festival de Dinard*

A. est d'un style accessible à toutes. ☐
B. est essentiellement inspirée par l'Asie. ☐
C. constitue un ensemble très coloré. ☐
D. montre surtout des tailleurs sombres. ☐

Question 3 : *Quel projet a-t-elle ?*

    A. Créer sa propre marque. ☐
    B. Ouvrir une boutique à Paris. ☐
    C. Faire de la haute couture. ☐
    D. Aider les jeunes créateurs. ☐

Niveau 5

79.

Question 1 : *Quel est le thème abordé dans cette chronique ?*

    A. Le régime juridique des droits d'auteur. ☐
    B. La protection des logiciels. ☐
    C. De nouveaux brevets pour les médicaments. ☐
    D. Le brevet des innovations techniques. ☐

Question 2 : *Le modèle évoqué est*

    A. européen. ☐
    B. américain. ☐
    C. français. ☐
    D. italien. ☐

Question 3 : *En ce qui concerne le projet*

    A. toutes les entreprises y sont défavorables. ☐
    B. les grandes entreprises y voient plus d'avantages. ☐
    C. les petites entreprises l'apprécient pour son côté novateur. ☐
    D. les auteurs ont peur que leurs droits se réduisent. ☐

80.

Question 1 : *Quel type d'aventure est évoqué dans cette interview ?*

    A. Un voyage de deux mois sur un pédalo. ☐
    B. Une randonnée pédestre de 1600 km à deux. ☐
    C. Une traversée de la France à vélo. ☐
    D. Un rallye automobile du Nord au Sud de la France. ☐

Question 2 : *Le sens dont est privée Céline est*

    A. la vue. ☐
    B. l'odorat. ☐
    C. le toucher. ☐
    D. l'ouïe. ☐

Question 3 : *Céline et Marie*

    A. viennent de terminer leur aventure en Normandie. ☐
    B. vont écrire leurs impressions de voyage. ☐
    C. voyagent ensemble depuis leur enfance. ☐
    D. sont à Dieppe pour une courte période. ☐

Niveau 6

81.

Question 1 : *Quel est le thème de l'interview ?*

    A. La chute des prix du café dans le monde. ☐
    B. L'influence d'un nouveau mode de commerce. ☐
    C. Le café des petits producteurs. ☐
    D. Le développement de Max Havelaar. ☐

Question 2 : *Le label Max Havelaar permet*

    A. de faire fonctionner les boutiques spécialisées. ☐
    B. d'encourager la consommation de masse. ☐
    C. de commercialiser l'ensemble des produits du Mexique. ☐
    D. de différencier les produits artisanaux dans la grande distribution. ☐

Question 3 : *Depuis la crise du marché, quelle est la priorité pour les petits producteurs de café ?*

    A. Avoir accès au marché. ☐
    B. Vivre de leur production. ☐
    C. Diversifier les cultures. ☐
    D. Mécaniser les moyens de production. ☐

Question 1 : *L'association présentée se bat pour*

A. développer les ventes d'émissions télévisées et de magazines pour les femmes. ☐
B. une meilleure représentation des femmes dans les rédactions et les magazines. ☐
C. améliorer la qualité des émissions télévisées présentées par les femmes. ☐
D. lutter contre le diktat des femmes et rendre la parole aux hommes dans les médias. ☐

Question 2 : *L'aide de l'association consiste à*

A. protéger la vie privée des super héroïnes de la télé. ☐
B. faciliter la parution d'articles écrits par des femmes. ☐
C. donner des travaux de pigistes aux femmes au foyer. ☐
D. organiser des rencontres avec des gens de toutes professions. ☐

Question 3 : *D'après Sonia, les médias*

A. favorisent l'égalité entre les sexes. ☐
B. permettent aux femmes d'avoir la parole. ☐
C. donnent une image erronée de la femme. ☐
D. aident à oublier les problèmes sociaux. ☐

Question 4 : *Quel projet a Sonia pour l'association ?*

A. Lutter contre la puissance des médias. ☐
B. Élargir son champ d'action. ☐
C. Recruter de nouveaux adhérents. ☐
D. Créer un Prix pour se faire connaître. ☐

Section D

✓ **Objectif :** Reconnaître et identifier des sons
✓ **Type de documents :** Phrases courtes isolées
✓ **Niveaux :** 1, 2, 3

Vous allez entendre dix phrases très courtes.
Attention, vous n'entendrez chaque phrase <u>qu'une fois</u> !
Indiquez si la phrase que vous lisez correspond à la phrase que vous entendez.

Exemple :

Vous entendez : « Il a bouché la bouteille ».
Vous lisez : « Il a bougé la bouteille ».

    A. OUI ☐
    B. NON ☑

Vous devez cocher « B ».

83. *Mon ami va habiter dans l'appartement du dessus.*

    A. OUI ☐
    B. NON ☐

84. *Il a rendez-vous avec Jacques jeudi.*

    A. OUI ☐
    B. NON ☐

85. *Ils se sont tous embrassés.*

    A. OUI ☐
    B. NON ☐

86. Ça ne lui a pas enlevé sa grâce.

    A. OUI   ☐
    B. NON   ☐

87. Sur la scène, il y avait un grand palais.

    A. OUI   ☐
    B. NON   ☐

88. Ses bronches se sont endommagées.

    A. OUI   ☐
    B. NON   ☐

89. Un de ses pétards est tombé.

    A. OUI   ☐
    B. NON   ☐

90. Rien n'est vrai dans ce que tu as rapporté.

    A. OUI   ☐
    B. NON   ☐

91. Regarde ! Le soleil s'est levé.

    A. OUI   ☐
    B. NON   ☐

92. Bonjour, je voudrais parler à madame Savain.

    A. OUI   ☐
    B. NON   ☐

Lexique / Structure

Section A

✓ **Objectif :** Trouver le mot juste dans une phrase complète
✓ **Type de texte :** Phrases lacunaires
✓ **Niveaux :** 0+, 1, 2, 3

Cochez la réponse qui vous paraît exacte.

Niveau 0+

93. *Il travaille dans une école de langues, il est _____ .*

- **A.** médecin ☐
- **B.** ingénieur ☐
- **C.** professeur ☐
- **D.** dentiste ☐

94. *Il ne travaille pas. Il _____ étudiant.*

- **A.** fait ☐
- **B.** a ☐
- **C.** est ☐
- **D.** va ☐

Niveau 1

95. *Nous vous proposons comme _____ du jour un rôti de bœuf avec des haricots verts.*

- **A.** boisson ☐
- **B.** dessert ☐
- **C.** entrée ☐
- **D.** plat ☐

63

96. Pensez à acheter _____ pour la fête des mères !

- **A.** une lettre ☐
- **B.** un cadeau ☐
- **C.** un paquet ☐
- **D.** une enveloppe ☐

97. J'ai invité le fils de ma sœur, mon _____ , à écouter le concert.

- **A.** cousin ☐
- **B.** oncle ☐
- **C.** frère ☐
- **D.** neveu ☐

98. J'ai très _____ , je vais déjeuner.

- **A.** chaud ☐
- **B.** faim ☐
- **C.** soif ☐
- **D.** froid ☐

99. Camille est _____ . Elle a gagné un voyage en Italie.

- **A.** fatiguée ☐
- **B.** contente ☐
- **C.** triste ☐
- **D.** inquiète ☐

Niveau 2

100. L'avion pour Toulouse devait partir à 13h15. Il ne partira qu'à 15 heures. Il est _____ .

- **A.** annulé ☐
- **B.** complet ☐
- **C.** retardé ☐
- **D.** modifié ☐

101. Le 5ᵉ anniversaire du festival de l'humour _____ cette année en juin.

- **A.** viendra ☐
- **B.** aura lieu ☐
- **C.** arrivera ☐
- **D.** ira ☐

102. _____ ses encouragements, il a réussi le concours.

- **A.** Malgré ☐
- **B.** À cause de ☐
- **C.** Grâce à ☐
- **D.** En plus de ☐

103. – As-tu reçu le faire-part de mariage d'Alix et Richard ?
– Oui et je viens d'envoyer une lettre _____ .

- **A.** de souhaits ☐
- **B.** de félicitations ☐
- **C.** d'excuses ☐
- **D.** de bonheur ☐

104. Ton gâteau est délicieux. J'en voudrais bien un autre _____ .

- **A.** partie ☐
- **B.** tranche ☐
- **C.** morceau ☐
- **D.** pièce ☐

105. Avant d'avaler ce médicament, je vais demander _____ de mon médecin.

- **A.** le conseil ☐
- **B.** la consultation ☐
- **C.** l'avis ☐
- **D.** la recette ☐

106. Elle va acheter un livre sur la pêche dans une _____ .

- **A.** librairie ☐
- **B.** poissonnerie ☐
- **C.** bibliothèque ☐
- **D.** crèmerie ☐

Niveau 3

107. Je suis vraiment confuse et je vous prie de bien vouloir _____ mes excuses.

- A. recevoir ☐
- B. accepter ☐
- C. accueillir ☐
- D. prendre ☐

108. Il faut appuyer trois fois sur la sonnette d'entrée sinon on ne _____ pas !

- A. l'écoute ☐
- B. la voit ☐
- C. l'entend ☐
- D. la sent ☐

109. Les victimes de racket à l'école doivent porter _____ au commissariat le plus proche.

- A. atteinte ☐
- B. plainte ☐
- C. attention ☐
- D. secours ☐

110. Prière _____ votre code secret à l'abri des regards indiscrets.

- A. de passer ☐
- B. de composer ☐
- C. de joindre ☐
- D. d'insérer ☐

111. Je vous serais _____ de bien vouloir m'envoyer une documentation sur votre région.

- A. heureux ☐
- B. gentil ☐
- C. reconnaissant ☐
- D. aimable ☐

112. Vous devez profiter de cette opportunité pour faire _____ votre capital.

- A. atteindre ☐
- B. majorer ☐
- C. fructifier ☐
- D. effectuer ☐

Section B

✓ **Objectif :** Comprendre le sens d'un mot ou d'une expression dans un contexte
✓ **Type de support :** Article de presse narratif ou argumentatif
✓ **Niveaux :** 4, 5, 6

Dans les textes suivants, choisissez le mot ou le groupe de mots qui a le sens le plus proche du mot ou groupe de mots souligné.

113.

L'espace partagé

Avec ces trois musées populaires et sa situation privilégiée **(1)** au cœur du quartier de Kensington, Exhibition Road constitue une rue londonienne largement fréquentée **(2)** par les piétons et les automobilistes. Cette artère a été élue pour y mettre en place **(3)** un nouveau projet « d'espace partagé ». Selon **(4)** ce projet, les feux de signalisation, et les passages cloutés seront ôtés **(5)**, l'objectif étant d'obliger les automobilistes à prêter davantage attention aux piétons qui pourront traverser où ils le souhaitent.

1.
   A. favorable ☐
   B. défavorisée ☐
   C. riche ☐
   D. centrale ☐

2.
   A. habitée ☐
   B. empruntée ☐
   C. redoutée ☐
   D. renommée ☐

3.
   A. placer ☐
   B. créer ☐
   C. utiliser ☐
   D. fabriquer ☐

4.
   A. suivant ☐
   B. favorable à ☐
   C. dépendant de ☐
   D. conforme à ☐

5.
A. quittés ☐
B. retirés ☐
C. soustraits ☐
D. abrogés ☐

114. Cet été, vingt-sept villes en Europe installeront une plage <u>éphémère</u> **(1)**. Mais sait-on que l'idée géniale <u>a germé</u> **(2)** au milieu de la campagne picarde, à Saint-Quentin, dans l'Aisneement <u>s'est mû</u> **(3)** en phénomène international. Il y a dix ans, lorsque l'équipe municipale de Saint-Quentin réfléchit au moyen de redonner de l'éclat et <u>une singularité</u> **(4)** à la cité, l'idée d'installer une plage en ville n'a encore jamais été réalisée. Aujourd'hui, certains ont oublié que le concept vient de là-bas, mais les Saint-Quentinois, beaux joueurs, <u>ne nourrissent</u> **(5)** aucune rancune.

1.
A. miniature ☐
B. véritable ☐
C. temporaire ☐
D. couverte ☐

2.
A. a évolué ☐
B. est née ☐
C. s'est réalisée ☐
D. s'est vendue ☐

3.
A. s'est conduit ☐
B. s'est amplifié ☐
C. s'est transformé ☐
D. s'est dirigé ☐

4.
A. une différence ☐
B. un effet ☐
C. une convivialité ☐
D. une originalité ☐

5.
A. ne transmettent ☐
B. n'éprouvent ☐
C. ne mangent ☐
D. ne développent ☐

Section C

✓ **Objectif :** Identifier la formulation correcte de structures grammaticales
✓ **Type de supports :** Phrases lacunaires
✓ **Niveaux :** 0+, 1, 2, 3, 4

Cochez la réponse qui vous paraît exacte.

Niveau 0+

115. Ce soir, _____ dînons au restaurant.

    A. vous ☐
    B. ils ☐
    C. nous ☐
    D. elles ☐

116. – _____ est-ce que tu vas ?
– Au cinéma !

    A. Quand ☐
    B. Comment ☐
    C. Où ☐
    D. Pourquoi ☐

117. Hélène, _____ le prénom de ma sœur.

    A. il est ☐
    B. c'est ☐
    C. elle est ☐
    D. tu es ☐

Niveau 1

118. Non merci, je ne prends pas _____ sucre.

- **A.** du ☐
- **B.** de ☐
- **C.** le ☐
- **D.** un ☐

119. Tu peux sortir ce soir _____ tu ne rentres pas tard !

- **A.** car ☐
- **B.** donc ☐
- **C.** mais ☐
- **D.** sinon ☐

120. L'été dernier, j'ai visité _____ Vietnam. J'ai adoré ce pays !

- **A.** le ☐
- **B.** en ☐
- **C.** au ☐
- **D.** la ☐

121. Pour _____ anniversaire, on m'a offert une jolie bague.

- **A.** mon ☐
- **B.** ton ☐
- **C.** notre ☐
- **D.** son ☐

122. Ma mère est née _____ Chine.

- **A.** à la ☐
- **B.** en ☐
- **C.** dans la ☐
- **D.** au ☐

123. J'adore _____ .

- **A.** bonbons ☐
- **B.** un bonbon ☐
- **C.** les bonbons ☐
- **D.** des bonbons ☐

124. N'oublie pas de me donner _____ numéro de téléphone !

- **A.** mon ☐
- **B.** votre ☐
- **C.** ton ☐
- **D.** tes ☐

125. Je vais vous inscrire. _____ -moi votre passeport !

- **A.** Donne ☐
- **B.** Donnons ☐
- **C.** Donnes ☐
- **D.** Donnez ☐

Niveau 2

126. Si vous _____ le TEF cet été, vous bénéficierez d'une petite réduction.

- **A.** passiez ☐
- **B.** passez ☐
- **C.** passerez ☐
- **D.** passeriez ☐

127. _____ ne m'a prévenu pour la soirée d'hier ! J'aurais bien voulu y aller !

- **A.** Quelqu'un ☐
- **B.** Aucun ☐
- **C.** Personne ☐
- **D.** Rien ☐

128. Quelles sont vos coordonnées ? Voici _____ Vous pourrez nous joindre directement.

- **A.** les vôtres ☐
- **B.** les nôtres ☐
- **C.** les siennes ☐
- **D.** les tiennes ☐

129. Il _____ nous voir hier soir et nous avons beaucoup ri.

- **A.** était passé ☐
- **B.** avait passé ☐
- **C.** est passé ☐
- **D.** a passé ☐

130. Cette moto consomme beaucoup _____ .

- **A.** essence ☐
- **B.** d'essence ☐
- **C.** de l'essence ☐
- **D.** l'essence ☐

131. Nous avons acheté cette maison dans le sud de la France, _____ six mois.

- **A.** il y a ☐
- **B.** dans ☐
- **C.** pendant ☐
- **D.** en ☐

132. Mon mari fait _____ guitare.

- **A.** à la ☐
- **B.** du ☐
- **C.** la ☐
- **D.** de la ☐

Niveau 3

133. Il n'a pas _____ d'argent qu'il le prétend. Je sais combien il gagne !

- **A.** aussi ☐
- **B.** tellement ☐
- **C.** autant ☐
- **D.** tant ☐

134. Les vacances _____ je pense sont inabordables.

- **A.** auxquelles ☐
- **B.** lesquelles ☐
- **C.** avec lesquelles ☐
- **D.** desquelles ☐

135. – As-tu pensé à me rendre les clés ?
– Oui, je _____ ai rendues hier, tu ne te souviens plus ?

- **A.** te les ☐
- **B.** les lui ☐
- **C.** te leur ☐
- **D.** me les ☐

136. Au mois de juillet, nous serons absents _____ vendredi _____ lundi inclus.

- **A.** de ... à ☐
- **B.** du ... au ☐
- **C.** le ... et ☐
- **D.** ni ... ni ☐

137. J'ai reçu des nouvelles de l'une des étudiantes suisses dont je t'ai _____ .

- **A.** parlé ☐
- **B.** parlée ☐
- **C.** parlés ☐
- **D.** parlées ☐

138. Je lui enverrai des nouvelles si _____ son numéro de téléphone.

- A. j'avais
- B. j'aurai
- C. j'ai
- D. j'aurais

139. Il a interdit que tu _____ à Grenoble en voiture ! Prends le train !

- A. vas
- B. ailles
- C. iras
- D. allait

140. J'ai perdu les boucles d'oreille _____ ma mère m'avait prêtées !

- A. qui
- B. que
- C. où
- D. dont

141. Même si tu _____ , tu ne pourrais jamais entreprendre ces études. C'est trop difficile !

- A. voudrais
- B. voulais
- C. as voulu
- D. avais voulu

Niveau 4

142. Que tu le _____ ou non, tu partiras demain à la première heure.

- A. voudras
- B. veuilles
- C. voudrais
- D. veux

143. Ils resteront cachés dans le grenier _____ il fera jour !

- **A.** bien qu' ☐
- **B.** parce qu' ☐
- **C.** tant qu' ☐
- **D.** jusqu'à ce qu' ☐

144. Plus qu'une équipe, c'est une ville entière qui s'est mobilisée _____ ce projet.

- **A.** à ☐
- **B.** par ☐
- **C.** près de ☐
- **D.** autour de ☐

145. Ils ont tout de suite acheté les tableaux _____ leur prix très honnête.

- **A.** estimés ☐
- **B.** estimant ☐
- **C.** estimé ☐
- **D.** estiment ☐

146. – _____ ne pleuve pas sinon la fête sera gâchée !
– Ne t'inquiète pas ! La météo annonce du soleil.

- **A.** Même s'il ☐
- **B.** Pourvu qu'il ☐
- **C.** Alors qu'il ☐
- **D.** Avant qu'il ☐

147. _____ y ait du verglas, nous partirons en voiture à Annecy.

- **A.** Pourvu qu'il ☐
- **B.** Même s'il ☐
- **C.** Attendu qu'il ☐
- **D.** Bien qu'il ☐

148. Je vous saurais gré _____ bien vouloir m'envoyer votre C.V.

- **A.** pour ☐
- **B.** de ☐
- **C.** à ☐
- **D.** par ☐

149. Il ne faut pas qu'il oublie ses bagages. Je _____ ai déposés à l'accueil.

- **A.** le leur ☐
- **B.** les lui ☐
- **C.** les leur ☐
- **D.** le lui ☐

150. Je ne donnerai pas de réponse définitive _____ il ne m'aura pas envoyé tous les documents.

- **A.** avant qu' ☐
- **B.** tant qu' ☐
- **C.** jusqu'à ce qu' ☐
- **D.** après qu' ☐

151. Nous avons décidé que les peintures du salon _____ .

- **A.** allaient se refaire ☐
- **B.** puissent être refaites ☐
- **C.** auraient été refaites ☐
- **D.** devaient être refaites ☐

152. L'augmentation des loyers ? C'est un problème _____ on est souvent confronté dans les grandes villes.

- **A.** contre lequel ☐
- **B.** auquel ☐
- **C.** duquel ☐
- **D.** pour lequel ☐

Section D

✓ **Objectif :** Repérer des erreurs grammaticales ou orthographiques qui se sont glissées dans un texte

✓ **Niveaux :** 5, 6

Dans certaines phrases des deux textes suivants, des parties (A, B, C ou D) ont été soulignées.
L'une de ces parties est incorrecte.
Cochez la réponse correspondant à la partie incorrecte.

153.

(1) <u>Qui se souvient</u> que la Maison Dior <u>fut</u> l'une des plus anciennes et <u>des plus</u>
    A   B   C
<u>importantes</u> entreprises françaises… <u>en</u> production d'engrais chimique ?
                                                            D

A. ☐   B. ☐   C. ☐   D. ☐

(2) Le centenaire de <u>sa naissance</u> de Christian Dior offre <u>à sa ville natale</u>, Granville,
                          A   B
l'occasion <u>de revenir</u> sur l'histoire de <u>cette dynastie</u> locale.
              C   D

A. ☐   B. ☐   C. ☐   D. ☐

(3) <u>Le musée</u> d'Art moderne abrite une exposition sur « les Dior » et <u>son influence</u>
    A   B
économique, sociale et politique sur la région <u>avant que</u> le célébrissime couturier <u>ne</u>
                                                           C
<u>donne à ce nom</u> une dimension internationale.
     D

A. ☐   B. ☐   C. ☐   D. ☐

(4) Le musée Dior, <u>installé</u> dans la villa d'enfance Les Rhums, accueille, <u>quant à lui</u>, une
                    A   B
exposition d'intérêt national <u>qui</u> recèle des chefs-d'œuvre <u>empruntés de</u> tous les
                                  C   D
grands musées de la mode.

A. ☐   B. ☐   C. ☐   D. ☐

(5) Jusqu'à la fin de l'été, ces deux expositions sur le monde des Dior resteront
     A   B   C   D
ouvertes au grand public.

A. ☐   B. ☐   C. ☐   D. ☐

154.

(1) L'athlète marocain Hicham el Guerrouj déguste chaque jour deux délicieux
     A   B   C
portions du fromage « La vache qui rit ».
         D

A. ☐   B. ☐   C. ☐   D. ☐

(2) Sacré double champion olympique sur 1500 et 5000 mètres, il savoure ces petites
     A   B
parts du fromage fondu, depuis sa tendre enfance.
     C   D

A. ☐   B. ☐   C. ☐   D. ☐

(3) Hicham-el-Guerrouj a déjà tourné sept publicités diffusées à la télévision marocaine
                            A   B
et, il y a deux ans, il personnifie l'image du fromage jurassien.
    C   D

A. ☐   B. ☐   C. ☐   D. ☐

(4) « Le Maroc est un marché important pour nous ; les fromageries Bel en réalisent
                                                                         A
50 millions d'euros de chiffre d'affaires et un milliard de boîtes sont consommées chaque
                      B   C   D
année », déclare le responsable des ventes.

A. ☐   B. ☐   C. ☐   D. ☐

(5) L'audience de Hicham El-Guerrouj, fort de ses deux belles médailles d'or, dépasse
        A   B
désormais le seul Maroc : le partenariat publicitaire pourrait s'étendre à tout le Maghreb,
    C
voir à la France.
    D

A. ☐   B. ☐   C. ☐   D. ☐

Expression orale

Section A

✓ **Objectif :** Participer à un entretien formel en vue d'obtenir des renseignements
✓ **Temps :** 10 minutes de préparation, 5 minutes d'entretien

Les questions à se poser

✗ *Avant l'entretien oral :*

Ai-je bien examiné le document et passé en revue les différents points importants ?

Ai-je rédigé le nombre de questions demandé ?

Ai-je classé ces questions dans un ordre logique ?

✗ *Pendant l'entretien oral :*

Suis-je à l'écoute des sollicitations de mon interlocuteur ?

155. Sujet 1

Vous cherchez un travail. Vous avez lu l'annonce ci-dessous dans un journal et vous êtes intéressé(e). Vous contactez le (la) propriétaire pour demander des informations complémentaires.

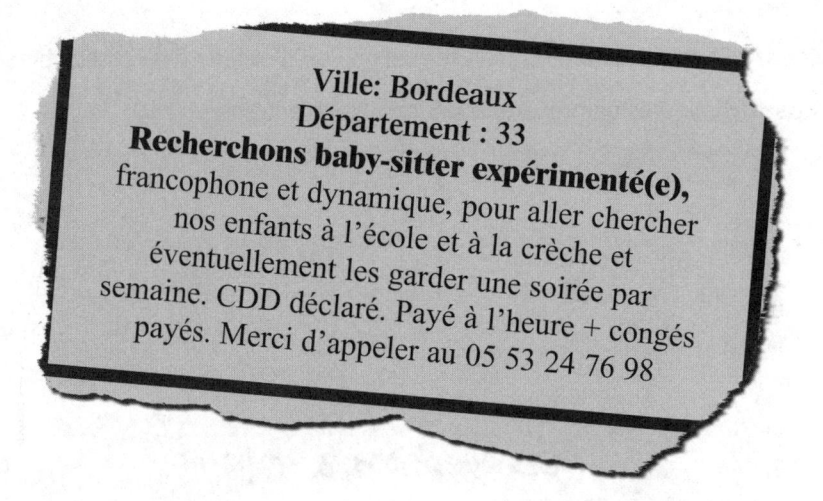

Préparez une dizaine de questions.
Votre examinateur(trice) joue le rôle du (de la) propriétaire.

> Ville : Bordeaux
> Département : 33
> **Recherchons baby-sitter expérimenté(e),** francophone et dynamique, pour aller chercher nos enfants à l'école et à la crèche et éventuellement les garder une soirée par semaine. CDD déclaré. Payé à l'heure + congés payés. Merci d'appeler au 05 53 24 76 98

156. Sujet 2

Vous cherchez un appartement en location. Vous avez lu l'annonce ci-dessous dans un journal et vous êtes intéressé(e). Vous contactez le (la) propriétaire pour demander des informations supplémentaires.

Préparez une dizaine de questions.
Votre examinateur(trice) joue le rôle du (de la) propriétaire.

> **À louer :** 2 pièces, cuisine équipée, salle de bains, balcon.
> Calme, plein sud.
>
> Téléphonez au 01 49 09 65 24

157. Sujet 3

Vous voulez organiser une réception pour vingt personnes dans un restaurant. Vous avez trouvé la publicité ci-dessous dans un journal. Vous contactez le (la) propriétaire pour demander des informations complémentaires.

Préparez une dizaine de questions.
Votre examinateur(trice) joue le rôle du (de la) propriétaire.

Restaurant AU MOULIN VERT

Vous redécouvrirez les saveurs de la France profonde dans un esprit apaisant pour vos déjeuners et dîners entre amis ou vos repas d'affaires.

2 terrasses ombragées, 2 salons privatifs et la salle climatisée vous accueillent dans une ambiance conviviale où l'on aime se retrouver.

Des produits frais fabriqués sur place qui vous garantissent l'un des meilleurs rapports qualité/prix de la capitale.

ORGANISATION DE SEMINAIRES - SALONS PRIVATIFS POUR VOS RECEPTIONS

34 bis, rue des Plantes - 75014 Paris
Tél. 01 45 39 31 31 - Fax 01 48 95 08 98 - www.aumoulinvert.com

Section B

✓ **Objectif :** Présenter en continu le contenu d'un document (sondages, extraits d'articles de presse) pour argumenter, exposer son point de vue et convaincre

✓ **Temps :** 10 minutes de préparation et 10 minutes d'exposé et de discussion

Les questions à se poser

✗ Ai-je bien noté les mots clés du texte et analysé les détails du dessin ?

✗ Ai-je réuni assez d'informations pour pouvoir m'exprimer, de manière continu et pendant deux ou trois minutes, sur le document ?

✗ Ai-je classé mes idées afin de construire une argumentation convaincante ?

158. Sujet 1

Vous avez trouvé les documents ci-dessous sur Internet et vous voulez en parler à un(e) voisin(e). Présentez-lui le contenu de ces documents.
Essayez de le (la) convaincre d'organiser une fête semblable dans la cour de votre immeuble.
Votre examinateur(trice) joue le rôle de votre ami(e).

La fête des voisins

L'idée d'*Immeubles en fête* est née en 1990 dans le 17e arrondissement de Paris pour renforcer les liens de proximité et se mobiliser contre l'isolement.

En 1999, l'association lance ce qui deviendra la *Fête des voisins*. Le succès est immédiat, 800 immeubles y participent, soit environ 10 000 habitants.

En 2003, *Immeubles en fête* a pris une dimension internationale et s'est installé en Belgique et dans 10 villes européennes. Cette première édition européenne a permis d'atteindre les 3 millions de personnes.

159. Sujet 2

Vous avez lu l'offre de services à domicile ci-dessous dans un magazine. Vous pensez que ce type de services conviendraient tout à fait aux besoins de l'un(e) de vos ami(e)s.
Présentez-lui le contenu de ce document.
Essayez de le (la) convaincre d'utiliser ce type de services à domicile.
Votre examinateur(trice) joue le rôle de votre ami(e).

S comme services

Nouveau !

Une équipe de spécialistes à votre service

S comme Services, c'est une cinquantaine de services à domicile. Des services pratiques et simples qui vont faciliter votre quotidien, et vous faire économiser jusqu'à vingt heures par semaine !

Nos services ?

La livraison de repas : près de quinze cuisines disponibles ;
Les travaux et le dépannage : plombier, électricien, serrurier, vitrier...
Les services du quotidien : le pressing à domicile, l'entretien de votre véhicule, les cours de gym, de danse ou de relaxation, les soins de beauté, la garde de vos enfants, la garde des animaux domestiques...

Alors, n'hésitez pas à nous contacter :
par téléphone, au **0800 36 36 45 45**
par Minitel sur le **3615 SSERVICE**
sur Internet, *www.scommeservices.com*

Expression écrite

Section A

✓ **Objectif :** Rédiger un article racontant un fait divers
✓ **Temps de rédaction :** 20 minutes

Les questions à se poser

✗ *Avant la rédaction :*

Ai-je souligné les mots importants de l'amorce de l'article ?

Ai-je classé toutes les idées que j'ai notées en vrac ?

✗ *Après la rédaction :*

Ai-je respecté la structure d'un article de presse ? (Ai-je organisé mon texte en paragraphes ?)

Mon récit est-il cohérent ? Ai-je utilisé des connecteurs ?

Ai-je respecté les temps du passé ?

Est-ce que je peux améliorer la richesse du lexique utilisé ?

Ai-je vérifié la syntaxe, l'orthographe et la ponctuation ?

160. Sujet 1

Voici ci-dessous le début d'un article de presse :

> Sur un site Internet, une mère de famille américaine a proposé son front aux enchères comme support de publicité pour l'aider à payer les études de son fils. Il a été acheté 15 000 dollars par..........

À vous de terminer l'article :

– En imaginant une suite à ce texte, de 80 mots minimum ;
– En faisant plusieurs paragraphes.

161. Sujet 2

Voici ci-dessous le début d'un article de presse :

> Une fillette, âgée de 21 mois, s'est un peu trop penchée à la fenêtre. Heureusement, deux étages plus bas, il y avait Samuel et Alvin..........

À vous de terminer cet article :

– En imaginant une suite à ce texte, de 80 mots minimum ;
– En faisant plusieurs paragraphes.

Section B

✓ **Objectif :** Rédiger une lettre à propos d'un fait de société pour une rubrique *Courrier des lecteurs*

✓ **Temps de rédaction :** 40 minutes

Les questions à se poser

✗ Ai-je construit un texte argumentatif composé d'une thèse, d'une antithèse et d'une synthèse ?

✗ Ai-je utilisé les verbes et les expressions introducteurs d'opinion ?
(Penser, croire, juger, selon moi, à mon avis)

✗ Ai-je présenté, développé et mis en relation mes arguments ?

✗ Ai-je illustré une idée, ou un argument par un exemple ?

✗ Ai-je conclu en utilisant les articulateurs appropriés ?

162. Sujet 1

Vous avez lu dans un journal l'affirmation suivante :

« La recherche spatiale aboutira un jour à des découvertes importantes pour l'humanité. Il faut continuer à investir dans ce domaine ! »

Écrivez une lettre au journal pour dire ce que vous en pensez (200 mots minimum).

– Développez au moins 3 arguments pour défendre votre point de vue.

163. *Sujet 2*

Vous avez lu dans un journal l'affirmation suivante :

« Tous les animaux doivent vivre en liberté. »

Ecrivez une lettre au journal pour dire ce que vous en pensez (200 mots minimum).

– Développez au moins 3 arguments pour défendre votre point de vue.

Test d'entraînement

Compréhension écrite

Section A

Dans cette section, vous prendrez connaissance des documents et vous répondrez aux questions correspondantes.
Pour chaque question, cochez la bonne réponse.

Niveau 0+

164. **Question 1 :** *On peut lire cette inscription*

- A. sur une lettre. ☐
- B. sur un livre. ☐
- C. sur un vêtement. ☐
- D. sur une boîte de conserve. ☐

> **Affranchir au tarif en vigueur**

165. **Question 2 :** *On peut lire cette inscription*

- A. dans un magasin. ☐
- B. dans un bus. ☐
- C. dans un immeuble. ☐
- D. dans un train. ☐

> **FERMÉ LES DIMANCHES ET LUNDIS**

Niveau 1

> Je suis libre, veuf, grand aux yeux marron. Âgé de 57 ans, je me retrouve jeune retraité cadre supérieur. J'aime la vie de couple, l'humour, le bridge, les antiquités. Je réside dans une belle maison de la vallée de Montmorency. Je vous imagine jeune, gaie, féminine, intelligente. Physique agréable, sensible, aimant soleil et voyages.
> PATRICK. *Réf. pat@free.fr*

166.

Question 3 : Dans quelle rubrique d'un journal pourrait-on lire cette petite annonce ?

- **A.** Rencontres. ☐
- **B.** Offres d'emploi. ☐
- **C.** Immobilier. ☐
- **D.** Loisirs. ☐

Question 4 : À qui s'adresse ce document ?

- **A.** À Patrick. ☐
- **B.** À un couple. ☐
- **C.** Aux femmes retraitées. ☐
- **D.** Aux jeunes lectrices. ☐

167.

Les enfants nés aujourd'hui

Ces enfants seront sociables et fidèles en amitié et en amour. Intelligents, travailleurs, ils auront une vie très dense. Ils auront des idées d'avant-garde et les mettront toujours en application. Ils auront beaucoup de talents, leur avenir sera des plus brillants. Ils n'auront pas de problèmes financiers.

Question 5 : Quelle est la nature de cet article ?

- **A.** Une petite annonce pour garder des enfants. ☐
- **B.** Une prévision extraite d'un horoscope. ☐
- **C.** Les conclusions d'une étude médicale. ☐
- **D.** Le portrait des enfants aujourd'hui. ☐

Question 6 : La description faite est

- **A.** très positive. ☐
- **B.** un peu négative. ☐
- **C.** très négative. ☐
- **D.** à la fois positive et négative. ☐

Question 7 : Quel thème n'est pas évoqué ?

- **A.** Le travail. ☐
- **B.** L'amour. ☐
- **C.** La santé. ☐
- **D.** L'argent. ☐

Niveau 2

168.

> **Testament**
>
> *Il y a quelques années, j'ai légué par testament un appartement à mon frère. Depuis, des balcons ont été ajoutés à tous les appartements de l'immeuble. Dois-je modifier mon testament pour transmettre ce nouvel aménagement à mon frère ?*
>
> En vertu des dispositions de l'article 1019 alinéa 2 du code civil, le légataire bénéficie de plein droit des agrandissements, des embellissements, et des constructions nouvelles faites sur le bien transmis. Tout avenant à votre testament est donc inutile.

Question 8 : Dans quelle rubrique pourrait-on lire ce document ?

- **A.** Immobilier. ☐
- **B.** Société. ☐
- **C.** Courrier du cœur. ☐
- **D.** Questions juridiques. ☐

Question 9 : Que fait l'auteur de la première partie du document ?

- **A.** Il décrit un appartement. ☐
- **B.** Il écrit à son frère. ☐
- **C.** Il demande un conseil. ☐
- **D.** Il exprime son opinion. ☐

Question 10 : La réponse à la question posée dans le document est :

- **A.** oui. ☐
- **B.** non. ☐
- **C.** peut-être. ☐
- **D.** on ne sait pas. ☐

Section B

Dans cette section, vous prendrez connaissance des documents et vous répondrez aux questions correspondantes.
Pour chaque question, cochez la bonne réponse.

Niveau 2

169.

La voiture : un gain de temps

Pour quelles raisons principales utilisez-vous votre voiture en ville ?

(en %)

• Vous gagnez du temps..	52
• Votre commune est mal desservie en transports en commun............	27
• Vous devez conduire d'autres personnes..................................	22
• C'est agréable...	20
• Vous n'aimez pas les transports en commun.............................	13
• Vous craignez les grèves dans les transports en commun..............	4
• Sans opinion...	9

Total supérieur à 100, les interviewés ayant pu donner trois réponses

Question 11 : *Ce document présente*

    A. une publicité pour une voiture. ☐
    B. un avis de la municipalité. ☐
    C. un emploi du temps de citadins. ☐
    D. les résultats d'une enquête. ☐

Question 12 : *Ce document*

    A. donne des informations sur les motivations des automobilistes. ☐
    B. mesure l'importance des déplacements en voiture. ☐
    C. propose le développement des transports en commun. ☐
    D. incite à la limitation de la circulation automobile. ☐

Question 13 : *La plus grande partie des gens prennent leur voiture*

- **A.** parce qu'ils aiment conduire. ☐
- **B.** pour aller plus vite. ☐
- **C.** en raison des grèves. ☐
- **D.** à cause du manque de bus. ☐

Niveau 3

170.

> ## Vivre mieux, ça se construit chaque jour.
>
> Au fond, à quoi ça sert d'acheter moins cher ?
> Bien sûr, à faire des économies sur tous les produits dont on a besoin : pour se nourrir, s'habiller, s'équiper. Vivre, en fait…
> Mais vivre, c'est aussi se détendre, se cultiver, réaliser ses passions, s'épanouir avec ceux qu'on aime. Vivre bien, en somme.
> Et acheter moins cher, ça aide aussi à faire tout ça.
> Parce que chacun doit avoir accès à tout ce dont il a besoin pour vivre bien, Superprix s'engage à ce que les prix soient toujours plus bas sur l'ensemble de ses produits, et dans tous ses magasins.
> – Finalement, consommer, ça sert aussi à construire sa vie –

Question 14 : *L'objectif de ce document est de*

- **A.** défendre les consommateurs. ☐
- **B.** décrire une nouvelle mode. ☐
- **C.** lancer une gamme de produits. ☐
- **D.** attirer une nouvelle clientèle. ☐

Question 15 : *Ce document cible principalement*

- **A.** les sportifs de haut niveau. ☐
- **B.** les consommateurs aisés. ☐
- **C.** les personnes aux revenus modestes. ☐
- **D.** les clients fidèles. ☐

Question 16 : *L'argument principal donne de l'importance*

- **A.** au confort. ☐
- **B.** aux loisirs. ☐
- **C.** à l'épargne. ☐
- **D.** au travail. ☐

17.

> *Le point sur...*
>
> ## Comment voyager ?
>
> *Voyager en train ou en avion à des prix raisonnables*
>
> Le train
> Pour voyager moins cher, prévoyez autant que possible vos voyages à l'avance. Discutez aussi avec les agents préposés à la vente des billets. Si vous passez par une agence de voyages, il est probable que vous aurez des frais en plus. Renseignez-vous.
> Pour ceux qui voyagent très régulièrement, des cartes d'abonnement à des prix variables permettent d'obtenir 50 % de réduction sur le prix des trajets.
>
> L'avion
> Toutes les compagnies nationales proposent des réductions significatives si on achète son billet 15 jours ou 8 jours avant le départ. N'hésitez pas à réserver très longtemps à l'avance, ces places sont contingentées. Elles sont également non modifiables.

Question 17 : *Ce document donne des informations sur*

- **A.** tous les moyens de transport en France. ☐
- **B.** les points de vente des titres de transport. ☐
- **C.** les meilleurs tarifs pour voyager. ☐
- **D.** plusieurs systèmes d'abonnement. ☐

Question 18 : *Grâce à ce document, les voyageurs*

- **A.** sauront modifier leur titre de transport. ☐
- **B.** feront des économies sur leur transport. ☐
- **C.** achèteront d'avantage de billets dans les agences. ☐
- **D.** seront mis en garde contre les abus des sociétés de transport. ☐

Question 19 : *Les titres de transport doivent être achetés*

- **A.** au moment du départ pour obtenir une meilleure garantie. ☐
- **B.** en agence pour obtenir de meilleurs horaires. ☐
- **C.** à l'avance pour obtenir des réductions. ☐
- **D.** dans les gares ou les aéroports pour obtenir des rabais importants. ☐

Niveau 4

172.

Les requins en baisse

Source de protéines bon marché pour des millions de personnes, les requins ont été de plus en plus exploités au cours des dernières décennies.

Au niveau mondial, les captures sont passées de 272 000 tonnes en 1950 à un record de 760000 tonnes en 1996, selon la F.A.O. (Organisation des Nations Unies pour l'alimentation et l'agriculture). Conséquence : les stocks de requins sont en forte baisse. Sur la centaine d'espèces capturées, une vingtaine est en péril. Il n'existe à ce jour aucun traité international ni aucun programme pour protéger les requins.

Aussi la F.A.O. vient-elle de proposer un plan d'action visant à maintenir chaque espèce. Les principaux pays qui pratiquent la pêche au requin sont l'Indonésie, l'Inde, les Etats-Unis, le Pakistan, le Mexique et Taiwan.

Question 20 : Les requins

A. sont consommés par des millions de personnes. ☐
B. se vendent mal depuis une dizaine d'années. ☐
C. sont recherchés pour leur viande peu coûteuse. ☐
D. sont en voie de disparition depuis plusieurs décennies. ☐

Question 21 : Les stocks de requins

A. diminuent depuis 1950. ☐
B. sont passés de 272 000 tonnes à 760 000 tonnes. ☐
C. ont connu une pointe en 1996. ☐
D. se sont maintenus jusqu'à présent. ☐

Question 22 : La pêche au requin

A. menace de disparition une vingtaine d'espèces de requins. ☐
B. est en train d'éliminer toutes les espèces de requins. ☐
C. concerne une centaine d'espèces de requins. ☐
D. doit se limiter à une vingtaine d'espèces de requins. ☐

Question 23 : La F.A.O

A. s'occupe de l'alimentation des requins. ☐
B. a interdit à six pays de pratiquer la pêche aux requins. ☐
C. a signé un accord sur la pêche au requin. ☐
D. veut protéger les requins en voie de disparition. ☐

173.

Pour la diététicienne Marie Fossier, responsable du Centre de recherches et d'informations nutritionnelles (Cerin), une mauvaise alimentation se ressent tant dans la santé des gens que dans leur équilibre psychique.

Les foyers les moins favorisés consomment très peu de poisson, peu de fruits et de légumes. Avec quels risques ?
Parlons du poisson, d'abord : d'une manière générale, nos concitoyens en consomment peu. Or, il est facile à cuisiner, pas cher si l'on prend les limandes, les soles, le cabillaud, la sardine, le maquereau... Les graisses apportées par le poisson favorisent la prévention des maladies cardiovasculaires.
Mais l'idée reçue selon laquelle le poisson est bon pour la mémoire est un leurre, la mémoire se maintient si on la travaille !
Les fruits et légumes sont indispensables. L'idéal serait d'en consommer deux à trois types par jour, crus ou cuits. Crus, leur apport en vitamine C et en fibres est plus riche. Le problème est que les familles défavorisées mangent souvent un plat unique, vite préparé, donc surtout à base de féculents. Et les enfants habitués au rythme pâtes-riz, peu habitués aux légumes, n'en ont souvent plus tard ni le goût ni l'envie.

Toutes les couches sociales restent attachées à la consommation de viande. À juste titre ?
Cela relève d'un attachement culturel. La viande, rouge surtout, garde pour nos concitoyens une valeur symbolique liée à la croissance, la robustesse... La viande blanche est tout aussi intéressante en réalité ! Si on ne mange pas de viande, on rencontre inévitablement des problèmes pour couvrir ses besoins en protéines et en fer.

Les repas jouent-ils un rôle important pour les liens familiaux ?
Absolument. On oublie malheureusement que les repas sont des repères. Ils structurent une famille, créent un lien social. De plus en plus d'employés stressés se contentent d'un sandwich qu'ils mangent seuls, au lieu de se poser à plusieurs, de se parler quelques instants. De plus en plus d'adolescents perdent l'habitude de la table familiale, grignotent et grossissent effectivement, et surtout risquent de ne pas savoir, parents à leur tour, réinventer ces moments de table indispensables.

Question 24 : D'après Marie Fossier, une mauvaise alimentation affecte

A. plus la santé mentale que la santé physique. ☐
B. la santé mentale ainsi que la santé physique. ☐
C. plus la santé physique que la santé mentale. ☐
D. de plus en plus la santé mentale et physique. ☐

Question 25 : D'après ce texte, la consommation de fruits et légumes

A. est en hausse dans les familles défavorisées. ☐
B. n'est en général pas assez diversifiée. ☐
C. est plus forte chez les enfants que chez les adultes. ☐
D. est plus élevée quand ceux-ci sont consommés crus. ☐

Question 26 : Marie Fossier affirme que

A. toutes les viandes sont bonnes pour la santé. ☐
B. pour une bonne croissance, il faut surtout consommer de la viande rouge. ☐
C. les protéines et le fer sont contenus essentiellement dans la viande blanche. ☐
D. les habitudes culturelles n'influencent pas la consommation de viande. ☐

Question 27 : *Dans sa dernière réponse, Marie Fossier indique que*

A. les repas pris en famille sont souvent une source de conflits. ☐
B. les employés stressés sont contents de manger vite et seuls. ☐
C. les adolescents perdent l'habitude du lien social créé à table autour du repas. ☐
D. les adolescents qui grignotent sauront rendre indispensables les moments passés à table. ☐

Niveau 5

174.

ENQUÊTE : La télévision influence-t-elle le comportement des enfants ?

VIOLENCE À L'ÉCRAN, HISTOIRE D'UN SERPENT DE MER

Il suffit généralement d'un fait divers pour que resurgisse le serpent de mer. Le spectacle de la violence à la télévision influence-t-il le comportement des enfants, renforce-t-il leur agressivité ? Pas une semaine sans qu'un article, un sondage ou un colloque ne vienne rallumer les passions. Chacun y va de son sentiment. Cachez ces meurtres que l'on ne saurait voir. Ou au contraire, montrez, à bas la censure : un meurtre exhibé est un meurtre économisé.

Depuis quelques années, pourtant, la méfiance envers la violence semble l'emporter. Dans les sondages, l'inquiétude monte. Fait nouveau, les politiques se sont emparés du dossier. À commencer, comme d'habitude, par les États-Unis, où les crimes des mineurs sont monnaie courante. Au Canada, la pression des très puissantes associations familiales en faveur de la « puce » (qui permet de filtrer les programmes) va croissant. Avec un peu de retard, l'Europe suit. Le meurtre à Liverpool d'un bébé par deux gamins en février 1993 (qui avaient, paraît-il, visionné une vidéo très violente) a relancé la question. Deux chaînes suédoises ont décidé d'arrêter la diffusion de séries particulièrement violentes.

Les recherches ont beau se multiplier depuis plus de 50 ans, on n'avance guère. On a tout de même établi une distinction entre violence « *fictive mais réaliste* », qui accroît les réactions violentes des jeunes téléspectateurs, et les spectacles de violence non réaliste (dessins animés ou science-fiction) pour lesquels aucune relation n'est établie. Mais il convient de relativiser ces résultats, en fonction du sexe des enfants, de leur milieu social... La télévision a envahi notre vie, elle transmet, à côté de la famille et de l'école, des valeurs culturelles, des modèles... Comment ne pas y réfléchir ?

Question 28 : *L'article porte le titre « Violence à l'écran, histoire d'un serpent de mer » parce que*

A. les monstres marins symbolisent la violence. ☐
B. l'agressivité des enfants ressemble à celle d'un serpent de mer. ☐
C. la violence est un sujet qui soulève régulièrement les passions du public. ☐
D. les films de science-fiction sont souvent violents. ☐

Question 29 : À propos de l'influence de la télévision sur les enfants,

- **A.** les passions sont fortes et le débat est confus. ☐
- **B.** les partisans d'une sélection des émissions sont minoritaires. ☐
- **C.** les opposants à la censure de la violence sont majoritaires. ☐
- **D.** il y a autant de partisans de la censure que d'opposants. ☐

Question 30 : Concernant la violence à la télévision,

- **A.** les Suédois ont été les premiers à prendre des mesures. ☐
- **B.** les Canadiens s'opposent au filtrage des émissions. ☐
- **C.** les Anglais ont commencé à prendre des mesures après le meurtre d'un bébé. ☐
- **D.** les Américains sont sensibilisés en raison de la criminalité chez les jeunes. ☐

Question 31 : Les recherches sur ce sujet

- **A.** viennent d'être engagées et ne donnent pas beaucoup de résultats. ☐
- **B.** ont commencé il y a longtemps et ont donné des résultats très intéressants. ☐
- **C.** avancent lentement et les résultats sont difficiles à exploiter. ☐
- **D.** ont donné des résultats qui permettent de sélectionner les émissions. ☐

Niveau 6

175. Trois questions à Olivier Salingue

Journaliste - *Directeur dans un centre de recherches, vous suivez de près l'évolution des mœurs. Que vous inspire la montée de la consommation de produits de beauté parmi les hommes ?*
O. Salingue - Nous sommes entrés dans une ère plus féminine de la société. Jouer au macho est devenu ridicule. Hier, il fallait être dominant. Aujourd'hui, il faut être rayonnant et respirer la vitalité, en donnant l'impression que votre bonne santé vient de l'intérieur. Il ne s'agit pas d'un repli sur soi, mais d'une redécouverte de soi-même, ouverte sur autrui.

J. - *Pourtant, les consommateurs assument difficilement cette nouvelle tendance.*
O. S. - Effectivement, pour vendre des produits de beauté aux hommes, il faut user d'alibis multiples. Le principal est celui de la santé, qui cadre parfaitement avec le phénomène actuel de surinvestissement par rapport au corps. En fait, les industriels marchent sur des œufs car il leur faut éviter d'enfermer les consommateurs dans un ghetto tout en s'efforçant de plaire à des cibles bien spécifiques, dont les milieux homosexuels, notamment.

J. - *Tout cela est visiblement bon pour le commerce.*
O. S. - La redécouverte de l'importance du corps est d'autant plus forte que l'individu est aujourd'hui moins dépendant du regard de l'autre qu'il ne l'était dans les années 50, 60 et 70. Sur le plan économique, cette revendication est à l'origine de l'apparition de ce que nous appelons un vaste « ego-marché ». Ce mode de consommation s'affirme à travers l'affichage d'une certaine hygiène de vie, symbolisée par la pratique de loisirs tels que le VTT ou les sports de glisse.

Question 32 : Le sujet principal de cette interview est

A. l'évolution des habitudes chez les hommes. ☐
B. l'engouement pour les produits cosmétiques. ☐
C. la féminisation de la société. ☐
D. l'importance de la vie intérieure. ☐

Question 33 : D'après Olivier Salingue, les hommes d'aujourd'hui se doivent d'être

A. machos. ☐
B. dominants. ☐
C. en forme. ☐
D. drôles. ☐

Question 34 : Les industriels des produits de beauté pour homme

A. ciblent surtout les milieux homosexuels. ☐
B. prennent la beauté physique pour alibi. ☐
C. veulent toucher tous les types de public. ☐
D. trouvent la majorité de leurs clients dans des ghettos. ☐

Question 35 : « Les industriels marchent sur des œufs » signifie

A. qu'ils sont fortunés. ☐
B. qu'ils sont prudents. ☐
C. qu'ils sont confiants. ☐
D. qu'ils sont pessimistes. ☐

Section C

Niveaux 3 et 5

**Dans le texte suivant, cinq phrases ont été supprimées.
Retrouvez chacune d'elles parmi les quatre propositions.
Pour chaque question, cochez la bonne réponse.**

176.

LES BERGERS CONTRE LE LOUP

Dans un grand cirque entouré de sommets escarpés, des moutons paissent en apparence paisiblement. Mais il ne faut pas s'y tromper. À 2 000 mètres d'altitude, l'alpage dans le massif de Belledonne (Isère) n'est pas aussi paradisiaque qu'il en a l'air. Jean-Pierre Jouffrey, un berger venu avec son troupeau de 2 300 bêtes, vit depuis le début de l'été un véritable enfer. Ses moutons sont attaqués presque quotidiennement : des attaques que les bergers et les paysans attribuent au loup. ...**(Question 36)**...

Hier, trois membres de la Commission Parlementaire d'information sur le loup sont venus sur place constater la détresse de M. Jouffrey. Lorsqu'ils sont arrivés en hélicoptère, Jean-Pierre Jouffrey, dont le troupeau avait été une nouvelle fois attaqué deux jours avant, les a lui-même accueillis. ...**(Question 37)**...« Cette brebis est blessée depuis quinze jours, dit-il, je vais être obligé de l'achever. Voilà ce qu'est devenu mon métier de berger, faire en sorte que mes bêtes ne souffrent plus après le passage du loup ».

Et devant les députés horrifiés, M. Jouffrey achève l'animal avec son couteau : ...**(Question 38)**...Le berger ne peut maîtriser sa colère. « Depuis l'âge de quatorze ans, je pouponne mes bêtes et voilà que le loup les massacre ».

Samedi, sa femme Anita et ses trois enfants sont venus en renfort pour l'aider à surveiller le troupeau, mais M. Jouffrey est à bout physiquement et nerveusement. ...**(Question 39)**... « Je n'en peux plus de surveiller le troupeau nuit et jour, le berger que j'avais embauché pour m'aider a craqué. ...**(Question 40)**... ».

La mort dans l'âme, Jean Pierre Jouffrey envisage d'ailleurs de ne pas revenir sur l'alpage l'été prochain.

Question 36

- **A.** Toute la saison, les animaux ont souffert de la chaleur. ☐
- **B.** Les récoltes ont été détruites par les animaux sauvages. ☐
- **C.** Depuis fin juin, une soixantaine de bêtes ont déjà été tuées. ☐
- **D.** Les paysans se plaignent de la sécheresse. ☐

Question 37

A. Il s'est adressé, des sanglots dans la voix, aux trois élus. ☐
B. Ceux-ci ont lu une lettre officielle à haute voix. ☐
C. Les députés sont arrivés en voiture avec une heure de retard. ☐
D. Il leur a parlé des dernières destructions agricoles. ☐

Question 38

A. le berger le vendra au village. ☐
B. il ne souhaite pas abréger son agonie. ☐
C. ils en ont l'habitude. ☐
D. pas question de prolonger ses souffrances. ☐

Question 39

A. Les troupeaux resteront à l'alpage tard dans la saison. ☐
B. Il quittera l'alpage avec ses bêtes, un mois avant la date prévue. ☐
C. Nous partirons tous le plus tôt possible. ☐
D. Les bergers abandonneront leurs animaux. ☐

Question 40

A. Il est parti lui aussi. ☐
B. Je lui avais déjà dit de ne pas venir. ☐
C. Il a pris ma place courageusement. ☐
D. Il sera fier de rester. ☐

Dans les textes suivants, les phrases sont dans le désordre. Reconstituez l'ordre des textes parmi les quatre propositions.

Pour chaque question, cochez la bonne réponse.

Niveau 1

177.

Question 41 : *Chers collègues,*

1. J'ai laissé un livre dans la salle des professeurs hier après-midi.
2. Je passerai le prendre demain.
3. Si vous l'avez trouvé, merci de le remettre dans mon casier.
4. Il s'agit de *Portrait du Canada* de June Callwood.

A. 3-1-2-4 ☐
B. 2-1-3-4 ☐
C. 1-2-3-4 ☐
D. 1-4-3-2 ☐

178.

Question 42 : La bicyclette

1. Elle se faufile partout car elle n'a pas besoin de beaucoup d'espace pour passer.
2. Enfin, elle est très économique.
3. Eh oui, quand on s'arrête de rouler, on trouve facilement un endroit où la garer.
4. En ville, la bicyclette est préférable à la voiture.

A. 1-3-2-4 ☐
B. 4-3-2-1 ☐
C. 1-4-3-2 ☐
D. 4-1-3-2 ☐

Niveau 3

179.

Question 43 : Antoine de Saint-Exupéry : un chiffre d'Affaires de 44 millions de francs

1. Un chiffre d'affaires estimé à plus de 20 millions de francs, dont 5 % à 10 % reviennent aux ayants droit.
2. Un filon pour les éditions Gallimard, qui écoulent chaque année 400 000 exemplaires en langue française des œuvres de l'écrivain, dont 300 000 *Petit Prince*.
3. Disparu le 31 juillet 1944, Antoine de Saint-Exupéry a, depuis, vendu 25 millions d'exemplaires du *Petit Prince*.
4. Mais pas question de toucher des droits hors d'Europe : Saint-Exupéry est tombé dans le domaine public.

A. 3-2-1-4 ☐
B. 1-2-4-3 ☐
C. 3-2-4-1 ☐
D. 1-4-3-2 ☐

Question 44 : *Main verte*

1. Pour les plantations en pots, il est indispensable de les emballer pour protéger les racines.
2. C'est le moment de protéger les végétaux fragiles.
3. Brr… glacial, le vent qui souffle sur les terrasses quand le thermomètre affiche le zéro.
4. Tout peut servir à envelopper les pots : couverture, chiffons ou le plus simple des antigels, le papier journal.

- **A.** 2-3-4-1 ☐
- **B.** 3-1-4-2 ☐
- **C.** 2-1-4-3 ☐
- **D.** 3-2-1-4 ☐

Question 45 : *Les chimpanzés « parlent »*

1. Maintenant, c'est chose faite ou presque.
2. En somme, pour être considéré comme un humain authentique, il ne lui manque plus que la parole.
3. Il y a longtemps qu'on se pose la question de « l'humanité » du singe.
4. Dans le documentaire *Le chimpanzé, l'autre homme*, on nous montre que cet animal est capable d'apprendre quelques rudiments du langage des signes des sourds-muets.

- **A.** 3-1-4-2 ☐
- **B.** 4-3-1-2 ☐
- **C.** 3-4-1-2 ☐
- **D.** 4-2-1-3 ☐

Section D

Dans cette section, cinq phrases sont proposées et pour chacune d'elles quatre reformulations.

Pour chaque question, choisissez la reformulation qui a le sens le plus proche de la phrase originale.

Cochez la bonne réponse.

Niveau 0+

182. *Question 46 : Je vous demande pardon !*

- **A.** Je ne comprends pas ! ☐
- **B.** Je suis très triste ! ☐
- **C.** Excusez-moi ! ☐
- **D.** Expliquez-moi ! ☐

Niveau 2

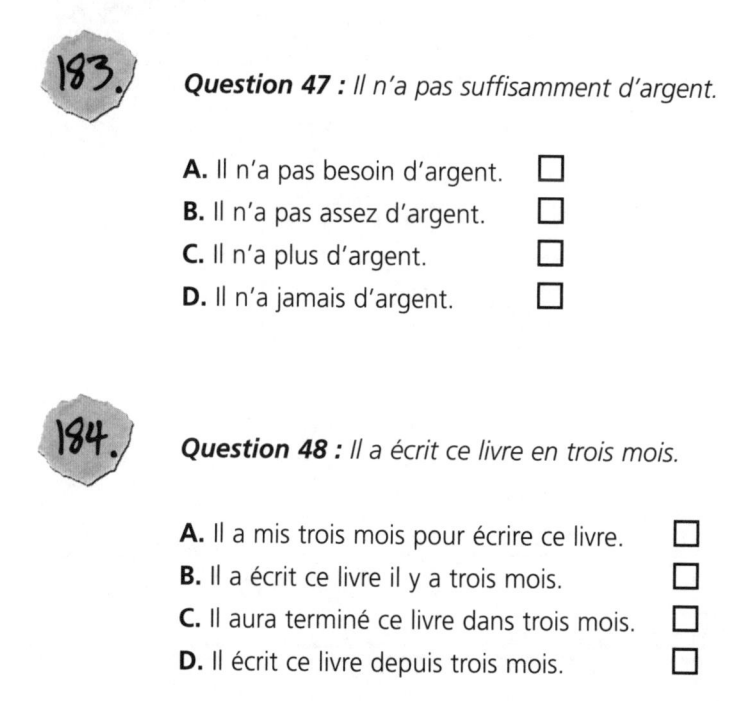

183. *Question 47 : Il n'a pas suffisamment d'argent.*

- **A.** Il n'a pas besoin d'argent. ☐
- **B.** Il n'a pas assez d'argent. ☐
- **C.** Il n'a plus d'argent. ☐
- **D.** Il n'a jamais d'argent. ☐

184. *Question 48 : Il a écrit ce livre en trois mois.*

- **A.** Il a mis trois mois pour écrire ce livre. ☐
- **B.** Il a écrit ce livre il y a trois mois. ☐
- **C.** Il aura terminé ce livre dans trois mois. ☐
- **D.** Il écrit ce livre depuis trois mois. ☐

Niveau 4

185. ***Question 49 :*** *Je vous saurai gré de bien vouloir m'adresser ce document.*

- **A.** Je sais que vous allez m'adresser ce document. ☐
- **B.** Je vous remercie de m'adresser de document. ☐
- **C.** Je vous suis reconnaissant de m'avoir adressé ce document. ☐
- **D.** Je suis d'accord pour vous adresser ce document. ☐

186. ***Question 50 :*** *Le plus beau de l'histoire, c'est qu'il est parti sans payer.*

- **A.** Parce qu'il est beau, il s'est cru dispensé de payer. ☐
- **B.** Il est parti sans payer, c'est du joli ! ☐
- **C.** Cette histoire n'est pas bien belle, puisqu'il est parti sans payer. ☐
- **D.** Qu'il soit parti sans payer, voilà le plus extraordinaire. ☐

Compréhension orale

Section A

Niveau 1

187. Vous allez entendre <u>deux fois</u> un dialogue entre une employée d'une agence de voyage et un client.
Voici les dessins de cinq horaires d'arrivée. Regardez-les attentivement.

Dessin 1

Dessin 2

Dessin 3

Dessin 4

Dessin 5

Écoutez l'enregistrement et indiquez l'heure d'arrivée pour chacune des propositions faites par l'employée.
Attention, il y a cinq dessins pour seulement quatre horaires mentionnés !

1ère proposition

Question 51

a. Dessin 1 ☐   b. Dessin 2 ☐   c. Dessin 3 ☐   d. Dessin 4 ☐   e. Dessin 5 ☐

2ème proposition

Question 52

a. Dessin 1 ☐   b. Dessin 2 ☐   c. Dessin 3 ☐   d. Dessin 4 ☐   e. Dessin 5 ☐

3ème proposition

Question 53

a. Dessin 1 ☐   b. Dessin 2 ☐   c. Dessin 3 ☐   d. Dessin 4 ☐   e. Dessin 5 ☐

4ème proposition

Question 54

a. Dessin 1 ☐   b. Dessin 2 ☐   c. Dessin 3 ☐   d. Dessin 4 ☐   e. Dessin 5 ☐

Niveau 3

188. Vous allez entendre <u>deux fois</u> un dialogue entre une vendeuse et un client qui désire acheter une lampe.
Voici les dessins de cinq lampes. Regardez-les attentivement.

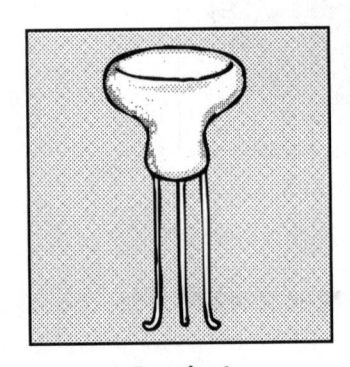

Dessin 1    **Dessin 2**    **Dessin 3**

Dessin 4 **Dessin 5**

Écoutez l'enregistrement et indiquez dans quel ordre sont décrites les lampes. Attention, il y a cinq dessins pour seulement quatre lampes décrites !

1ère lampe décrite

    Question 55

        a. Dessin 1 ☐   **b.** Dessin 2 ☐   **c.** Dessin 3 ☐   **d.** Dessin 4 ☐   **e.** Dessin 5 ☐

2ème lampe décrite

    Question 56

        a. Dessin 1 ☐   **b.** Dessin 2 ☐   **c.** Dessin 3 ☐   **d.** Dessin 4 ☐   **e.** Dessin 5 ☐

3ème lampe décrite

    Question 57

        a. Dessin 1 ☐   **b.** Dessin 2 ☐   **c.** Dessin 3 ☐   **d.** Dessin 4 ☐   **e.** Dessin 5 ☐

4ème lampe décrite

    Question 58

        a. Dessin 1 ☐   **b.** Dessin 2 ☐   **c.** Dessin 3 ☐   **d.** Dessin 4 ☐   **e.** Dessin 5 ☐

Section B

Niveaux 0+, 2, 3

Vous allez entendre six messages sur répondeur téléphonique.
Indiquez pour chacun de ces six messages s'il a un caractère familial, amical, professionnel ou publicitaire en cochant A, B, C ou D.

Exemple :

Vous entendez le message suivant : « Comment vas-tu Daniel, c'est Michel de l'École des Beaux-Arts. Je t'appelle pour te dire que c'est d'accord pour le cinéma, vendredi soir ».

- **A.** Familial. ☐
- **B.** Amical. ☑
- **C.** Professionnel. ☐
- **D.** Publicitaire. ☐

Vous devez cocher la réponse « B ».

Écoutez les messages et répondez aux questions.

189. Message n° 1

Question 59

- **A.** Familial. ☐
- **B.** Amical. ☐
- **C.** Professionnel. ☐
- **D.** Publicitaire. ☐

190. Message n° 2

Question 60

- **A.** Familial. ☐
- **B.** Amical. ☐
- **C.** Professionnel. ☐
- **D.** Publicitaire. ☐

191. Message n° 3

Question 61

- **A.** Familial. ☐
- **B.** Amical. ☐
- **C.** Professionnel. ☐
- **D.** Publicitaire. ☐

192. Message n° 4

Question 62

- **A.** Familial. ☐
- **B.** Amical. ☐
- **C.** Professionnel. ☐
- **D.** Publicitaire. ☐

193. Message n° 5

Question 63

- **A.** Familial. ☐
- **B.** Amical. ☐
- **C.** Professionnel. ☐
- **D.** Publicitaire. ☐

194. Message n° 6

Question 64

- **A.** Familial. ☐
- **B.** Amical. ☐
- **C.** Professionnel. ☐
- **D.** Publicitaire. ☐

Vous allez entendre une deuxième fois chacun des six messages. Indiquez pourquoi la personne appelle.

Exemple :

Vous entendez une deuxième fois le message suivant : « Comment vas-tu Daniel, c'est Michel de l'École des Beaux-Arts. Je t'appelle pour te dire que c'est d'accord pour le cinéma, vendredi soir ».

Il appelle pour...

- **A.** refuser une invitation. ☐
- **B.** donner une adresse. ☐
- **C.** confirmer un rendez-vous. ☑
- **D.** féliciter. ☐

Vous devez cocher la réponse « C ».

Écoutez les messages et répondez aux questions.

Il appelle ou elle appelle pour...

Message n° 1

Question 65

A. faire des compliments. ☐
B. annoncer un événement. ☐
C. faire une invitation. ☐
D. raconter ce qui s'est passé. ☐

Message n° 2

Question 66

A. reporter un rendez-vous de travail. ☐
B. faire un reproche. ☐
C. demander des explications. ☐
D. avancer une séance de travail. ☐

Message n° 3

Question 67

A. donner un accord. ☐
B. demander une réponse. ☐
C. rencontrer d'autres personnes. ☐
D. visiter un appartement. ☐

Message n° 4

Question 68

A. proposer un service. ☐
B. faire connaître un produit. ☐
C. prendre rendez-vous. ☐
D. annoncer une visite. ☐

Message n° 5

Question 69

A. demander une place de concert. ☐
B. offrir un disque de salsa. ☐
C. refuser une proposition. ☐
D. offrir des billets. ☐

Message n° 6

Question 70

A. prendre rendez-vous. ☐
B. demander de venir. ☐
C. faire une proposition. ☐
D. annoncer un envoi. ☐

**Vous allez entendre quatre messages diffusés dans un lieu public.
Attention, vous entendrez chaque message <u>une seule fois</u> !
Lisez d'abord les questions puis écoutez le message et répondez aux questions.**

Niveau 1

195.   **Message n° 1**

Question 71 : Ce message est donné

    A. dans une salle de concert. ☐
    B. sur un court de tennis. ☐
    C. dans un amphithéâtre à l'université. ☐
    D. dans une salle de théâtre. ☐

Question 72 : Ce message annonce un moment particulier d'une manifestation. Lequel ?

    A. Le début. ☐
    B. La pause. ☐
    C. La reprise. ☐
    D. La fin. ☐

Niveau 2

196.   **Message n° 2**

Question 73 : Que fait Martine ?

    A. Elle explique une recette. ☐
    B. Elle propose une dégustation. ☐
    C. Elle vend des chaussures. ☐
    D. Elle annonce une promotion sur les pommes. ☐

Question 74 : Combien de temps dure cette offre ?

    A. Deux heures. ☐
    B. Le jour de l'annonce seulement. ☐
    C. Pendant une semaine. ☐
    D. Deux jours. ☐

Niveau 3

197. **Message n° 3**

Question 75 : Qu'annonce-t-on dans cet aéroport ?

- **A.** L'annulation d'un vol. ☐
- **B.** Le retard d'un avion. ☐
- **C.** L'arrivée du vol en provenance de Madrid. ☐
- **D.** Un embarquement immédiat. ☐

Question 76 : Que doivent faire les passagers ?

- **A.** Enregistrer leurs bagages. ☐
- **B.** Monter à bord du vol 345. ☐
- **C.** Rester dans la salle d'attente. ☐
- **D.** Se rendre à la porte 8. ☐

198. **Message n° 4**

Question 77 : Cette annonce s'adresse aux passagers

- **A.** d'un train. ☐
- **B.** d'un avion. ☐
- **C.** d'un métro. ☐
- **D.** d'un bus. ☐

Question 78 : *On annonce*

- **A.** un retard. ☐
- **B.** un arrêt. ☐
- **C.** une annulation. ☐
- **D.** un départ. ☐

**Vous allez entendre six informations courtes diffusées à la radio.
Attention, vous entendrez chaque information une seule fois !
Indiquez à quelle rubrique l'information appartient.**

Niveau 0+

199. Information n° 1

Question 79

A. Sports. ☐
B. Faits divers. ☐
C. International. ☐
D. Santé. ☐

Niveau 1

200. Information n° 2

Question 80

A. Sports. ☐
B. Culture. ☐
C. Sciences & techniques. ☐
D. Spectacles. ☐

Niveau 4

201. Information n° 3

Question 81

A. Économie. ☐
B. Sciences & techniques. ☐
C. National. ☐
D. Juridique. ☐

202. Information n° 4

Question 82

A. Tourisme. ☐
B. Sciences & techniques. ☐
C. Gastronomie. ☐
D. Régions. ☐

203. Information n° 5

Question 83

A. Faits divers. ☐
B. Spectacles. ☐
C. Expositions. ☐
D. Sciences. ☐

204. Information n° 6

Question 84

A. Culture. ☐
B. Sciences & techniques. ☐
C. Faits divers. ☐
D. Régions. ☐

Section C

Niveaux 4, 5

205. Vous allez entendre six personnes répondre à la question : « Comment jugez-vous votre situation économique actuelle ? »
Indiquez si la personne interrogée juge sa situation économique :

- **A.** bien meilleure.
- **B.** légèrement meilleure.
- **C.** identique.
- **D.** pire.

Attention, vous entendrez chaque personne <u>une seule fois</u> !

Personne n° 1

Question 85

- **A.** bien meilleure. ☐
- **B.** légèrement meilleure. ☐
- **C.** identique. ☐
- **D.** pire. ☐

Personne n° 2

Question 86

- **A.** bien meilleure. ☐
- **B.** légèrement meilleure. ☐
- **C.** identique. ☐
- **D.** pire. ☐

Personne n° 3

Question 87

- **A.** bien meilleure. ☐
- **B.** légèrement meilleure. ☐
- **C.** identique. ☐
- **D.** pire. ☐

Personne n° 4

Question 88

- **A.** bien meilleure. ☐
- **B.** légèrement meilleure. ☐
- **C.** identique. ☐
- **D.** pire. ☐

Personne n° 5

Question 89

A. bien meilleure. ☐
B. légèrement meilleure. ☐
C. identique. ☐
D. pire. ☐

Personne n° 6

Question 90

A. bien meilleure. ☐
B. légèrement meilleure. ☐
C. identique. ☐
D. pire. ☐

Vous allez entendre deux fois trois longs messages.
Pour chaque message, lisez d'abord les questions.
Écoutez une première fois l'enregistrement et commencez à répondre.
Écoutez une deuxième fois et complétez vos réponses.

Niveau 4

206. Message n° 1

Question 91 : Le thème de ce débat concerne

A. des problèmes de circulation. ☐
B. une course automobile. ☐
C. des actes de violence entre conducteurs. ☐
D. des problèmes agricoles. ☐

Question 92 : L'auditeur

A. est radicalement contre l'événement. ☐
B. partage le même avis que le journaliste. ☐
C. aimerait qu'on organise le même événement en France. ☐
D. pense que l'événement apporte des richesses aux pays défavorisés. ☐

Question 93 : Il considère que face aux gens qu'ils rencontrent les participants font preuve

A. de générosité. ☐
B. d'indifférence. ☐
C. d'intérêt. ☐
D. de compassion. ☐

Niveau 5

207. **Message n° 2**

Question 94 : *De quel type de guide parle-t-on ?*

    A. Un guide gastronomique. ☐
    B. Un guide à l'usage des viticulteurs. ☐
    C. Un guide touristique. ☐
    D. Un guide à l'usage des sportifs. ☐

Question 95 : *Il est utile car*

    A. il va à l'encontre des traditions. ☐
    B. la concurrence est féroce. ☐
    C. le produit peut nuire à la santé. ☐
    D. le choix s'avère difficile. ☐

Question 96 : *Parmi ces affirmations, une seule est vraie. Laquelle ?*

    A. Le guide est disponible dans les supermarchés. ☐
    B. Le guide donne les meilleures adresses. ☐
    C. Le guide est en vente à un coût modique. ☐
    D. Le guide a l'avantage de ne pas être encombrant. ☐

Niveau 6

208. **Message n° 3**

Question 97 : *Quel est le thème principal de cette interview ?*

    A. La démocratie. ☐
    B. L'accès à l'écrit. ☐
    C. Le chômage. ☐
    D. Le rôle de l'école. ☐

Question 98 : *Quelle est l'opinion de Bernard Lahire ?*

A. Il refuse de considérer les illettrés comme des gens « anormaux ». ☐
B. Il pense qu'il n'y a qu'une seule sorte d'illettrisme. ☐
C. Il croit qu'il faut réinventer l'école pour les adultes illettrés. ☐
D. Il soutient que l'apprentissage de l'écrit se développe grâce aux machines. ☐

Question 99 : *Que redoute-t-il ?*

A. Qu'on minimise le handicap provoqué par l'illettrisme. ☐
B. Que les illettrés attendent trop de la nouvelle génération. ☐
C. Que le nombre d'illettrés se multiplie par manque d'échanges oraux. ☐
D. Que les illettrés soient de plus en plus isolés. ☐

Question 100 : *Quelle est la conclusion de Bernard Lahire ?*

A. Les gens super diplômés occuperont le travail des illettrés. ☐
B. Il n'est pas indispensable de savoir bien lire pour exercer tout travail. ☐
C. Les gens qui ne savent pas lire perdent souvent leur emploi. ☐
D. Une société de gens très formés n'aura pratiquement pas de chômeurs. ☐

Section D

Vous allez entendre dix phrases très courtes.
Attention, vous entendrez chaque phrase <u>une seule fois</u> !
Indiquez si la phrase que vous lisez correspond à la phrase que vous entendez.

Exemple :

Vous entendez : « Il a bouché la bouteille ».
Vous lisez : « Il a bougé la bouteille ».

    A. OUI ☐
    B. NON ☑

Vous devez donc cocher « B ».

209. Question 101

Il a perdu un de ses ongles.

    A. OUI ☐
    B. NON ☐

210. Question 102

C'est une horreur d'avoir fait ça.

    A. OUI ☐
    B. NON ☐

211. Question 103

Nous avons notre cours.

    A. OUI ☐
    B. NON ☐

212. Question 104

Je ne crois pas qu'il ait bu.

    A. OUI ☐
    B. NON ☐

213. Question 105

Tu n'as pas vu le bon ?

A. OUI ☐
B. NON ☐

214. Question 106

Ils se lèvent facilement.

A. OUI ☐
B. NON ☐

215. Question 107

Je vais prendre un pot de confiture.

A. OUI ☐
B. NON ☐

216. Question 108

Je peux te dire « tu » ?

A. OUI ☐
B. NON ☐

217. Question 109

Il nous parle souvent de sa campagne.

A. OUI ☐
B. NON ☐

218. Question 110

As-tu senti le vin ?

A. OUI ☐
B. NON ☐

Lexique / Structure

Section A

Cochez la réponse qui vous paraît exacte.

Niveau 0+

219. *Question 111 :* – Au revoir David, n'oublie pas notre rendez-vous de ce soir !
– Salut, _____ !

A. à demain ☐   **B.** à tout à l'heure ☐   **C.** à un de ces jours ☐   **D.** à lundi ☐

Niveau 1

220. *Question 112 :* – Au revoir, bonne journée.
– Merci, _____ .

A. il n'y a pas de quoi ☐   **B.** je vous en prie ☐   **C.** je suis désolé ☐   **D.** vous aussi ☐

221. *Question 113 :* Moi, je ne mange jamais de _____ , je déteste les produits laitiers.

A. fruits ☐   **B.** poisson ☐   **C.** fromage ☐   **D.** viande ☐

222. *Question 114 :* J'ai mal aux dents ; je dois _____ un rendez-vous chez le dentiste.

A. organiser ☐   **B.** donner ☐   **C.** faire ☐   **D.** prendre ☐

223. *Question 115 :* – Qu'est-ce que tu as grandi ! Quelle _____ fais-tu ?
– 1 mètre 70.

A. taille ☐   B. dimension ☐   C. longueur ☐   D. grandeur ☐

224. *Question 116 :* J'ai _____ d'excellentes vacances ! Et toi ?

A. passé ☐   B. eu ☐   C. fait ☐   D. donné ☐

Niveau 3

225. *Question 117 :* D'un tempérament _____ , il se met facilement en colère.

A. anxieux ☐   B. optimiste ☐   C. impulsif ☐   D. serein ☐

226. *Question 118 :* J'espère que vous viendrez _____ à la réunion.

A. certains ☐   B. nombreux ☐   C. multiples ☐   D. quelques ☐

227. *Question 119 :* Nous n'avons aucune _____ de sa culpabilité.

A. preuve ☐   B. marque ☐   C. provenance ☐   D. évidence ☐

228. *Question 120 :* Sait-on qui, à l'origine, a _____ cette information ?

A. contaminé ☐   B. divulgué ☐   C. effectué ☐   D. résolu ☐

Section B

Niveaux 4, 5

229. Dans le texte suivant, choisissez le mot qui a le sens le plus proche du mot souligné.

Quel avenir pour le livre ?

Combien de fois a-t-on prédit **(121)** la mort du livre depuis l'apparition de la télévision ? Le livre, pourtant, a résisté.

La menace, aujourd'hui, paraît néanmoins plus grave. Le développement fulgurant **(122)** du multimédia risque de limiter le rôle et la place du livre en substituant peu à peu le petit écran à la page imprimée, promettant le livre à une inéluctable **(123)** décadence.

Le danger a mobilisé énergie et imagination : les éditeurs ont rivalisé d'idées ; les pouvoirs publics eux-mêmes ont cherché des parades **(124)** parce que le livre est aussi un produit économique prestigieux.

Il existe également des répliques **(125)** qui utilisent les armes de l'adversaire : ainsi le développement des librairies électroniques sur Internet. Ce mariage entre l'électronique et le livre est peut-être le prix de la survie de ce dernier.

Question 121

A. annoncé ☐
B. deviné ☐
C. discuté ☐
D. publié ☐

Question 122

A. aléatoire ☐
B. durable ☐
C. foudroyant ☐
D. rentable ☐

Question 123

A. éventuelle ☐
B. impossible ☐
C. incertaine ☐
D. inévitable ☐

Question 124

A. fonds ☐
B. mécènes ☐
C. publicités ☐
D. ripostes ☐

Question 125

A. contrefaçons ☐
B. imitations ☐
C. contre attaques ☐
D. reproductions ☐

Section C

Cochez la réponse qui vous paraît exacte.

Niveau 0+

230. *Question 126 :* _____ de personnes sont arrivées?

   A. Combien ☐   **B.** Comment ☐   **C.** Pourquoi ☐   **D.** Quand ☐

231. *Question 127 :* Ce matin, le ciel est gris et _____ des nuages.

   A. c'est ☐   **B.** il est ☐   **C.** il fait ☐   **D.** il y a ☐

Niveau 1

232. *Question 128 :* _____ article de journal parle de Picasso.

   A. Cette ☐   **B.** Ce ☐   **C.** Cet ☐   **D.** Ces ☐

233. *Question 129 :* – _____ faites-vous ce dessert ?
   – Avec des œufs et du lait.

   A. Où ☐   **B.** Comment ☐   **C.** Est-ce que ☐   **D.** Quand ☐

234. *Question 130 :* Les étudiants sont _____ nombreux aux États-Unis que dans les pays de l'Union européenne.

   A. beaucoup ☐   **B.** plus ☐   **C.** très ☐   **D.** bien ☐

235. *Question 131 :* Sa mère est née en 1965, _____ mars exactement.

   A. le 31 ☐   **B.** 31 ☐   **C.** au 31 ☐   **D.** en 31 ☐

Niveau 2

236. *Question 132 :* Je dois remettre ce travail demain matin ; _____ je me dépêche de le terminer.

A. c'est pour que ☐   **B.** c'est pourquoi ☐   **C.** c'est comme ☐   **D.** c'est parce que ☐

237. *Question 133 :* Il aime beaucoup les tomates. Il _____ a mangé, tous les soirs, cet été.

A. en ☐   **B.** les ☐   **C.** y ☐   **D.** leur ☐

238. *Question 134 :* Jacques a téléphoné chez moi pendant que _____ mes courses.

A. je faisais ☐   **B.** j'avais fait ☐   **C.** j'ai fait ☐   **D.** je ferai ☐

Niveau 3

239. *Question 135 :* Les romans policiers et d'espionnage sont _____ que je préfère.

A. ces ☐   **B.** celles ☐   **C.** ceux ☐   **D.** ceci ☐

240. *Question 136 :* Je voulais simplement que vous _____ la vérité.

A. savez ☐   **B.** sachiez ☐   **C.** saurez ☐   **D.** saviez ☐

241. *Question 137 :* Vous avez répondu à toutes les questions ? _____ vous ont paru les plus difficiles ?

A. Lesquelles ☐   **B.** Quelles ☐   **C.** Qu'elles ☐   **D.** Desquelles ☐

242. *Question 138 :* Il faut être prudent, je ne confierais pas les clés de mon appartement à _____ .

A. personne ☐   **B.** n'importe qui ☐   **C.** nul autre ☐   **D.** quelconque ☐

243. *Question 139 : Le professeur donnera un livre aux élèves : ainsi, chacun aura _____ .*

A. le sien ☐   B. les siens ☐   C. le leur ☐   D. les leurs ☐

Niveau 4

244. *Question 140 : _____ a le droit de penser ce qu'il veut, mais moi, je ne suis pas d'accord avec toi.*

A. N'importe lequel ☐   B. Quelqu'un ☐   C. Un autre ☐   D. Chacun ☐

245. *Question 141 : Il ferait mieux de marcher _____ prendre sa voiture.*

A. en dépit de ☐   B. au contraire de ☐   C. au lieu de ☐   D. à l'opposé de ☐

246. *Question 142 : Il ne lui reste plus quelques pages. Il espère qu'il _____ son livre avant de partir en voyage.*

A. a termin ☐   B. aura terminé ☐   C. ait terminé ☐   D. avait terminé ☐

247. *Question 143 : Parmi les employés de cette banque, _____ ont obtenu un contrat à durée indéterminée.*

A. certains ☐   B. quelques ☐   C. divers ☐   D. d'autres ☐

248. *Question 144 : Est-ce que tu accepteras ce travail, _____ ce n'est pas très bien payé ?*

A. à moins que ☐   B. bien que ☐   C. même si ☐   D. quitte à ☐

249. *Question 145 : _____ vous pensiez, vous devez obéir au directeur !*

A. Alors que ☐   B. Quoi que ☐   C. Bien que ☐   D. Tandis que ☐

Section D

Niveaux 5, 6

250. Dans certaines phrases du texte suivant, des parties (A, B, C, D) ont été soulignées. L'une de ces parties est incorrect.
Cochez la réponse correspondant à la partie incorrecte.

Exemple : La généalogie, une quête d'identité

<u>Longtemps réservée</u> à l'aristocratie et à <u>une bourgeoisie</u> en quête de titres, <u>la généalogie c'est</u>, au fil
  A   B   C
des siècles, vulgarisée et <u>compte aujourd'hui</u> de plus en plus d'adeptes.
         D

A. ☐   B. ☐   C. ☑   D. ☐

Vous devez cocher « C » car la formulation correcte est : *la généalogie s'est.*

Question 146 : <u>À l'heure que</u> les individus <u>sont noyés</u> dans la masse pour n'être <u>bientôt plus</u> qu'un
      A   B   C
numéro dans un ordinateur, qu'il est bon de retrouver ses racines, <u>la seule richesse</u> que nous
                       D
possédons vraiment !

A. ☐   B. ☐   C. ☐   D. ☐

Question 147 : Qui sont <u>ses êtres</u> de chair et de sang qui <u>nous ont donné</u> la vie ? <u>Sommes-nous</u>
       A   B   C
issus, selon la phrase de La Bruyère, d'un roi <u>ou</u> d'un pendu ?
              D

A. ☐   B. ☐   C. ☐   D. ☐

Question 148 : Des <u>questions auxquelles</u> seul un travail de généalogie <u>peut répondre</u>. Et, <u>plus d'une</u>
       A   B   C
recherche, c'est une véritable enquête qui nous emmène <u>au cœur</u> de l'histoire... la nôtre.
                   D

A. ☐   B. ☐   C. ☐   D. ☐

Question 149 : Il faut <u>donc remonter</u> le cours du temps et retrouver <u>ceux et celles qu' ont</u> forgé
         A   B
votre histoire. <u>En interrogeant</u> parents, grands-parents, oncles et tantes, <u>vous aurez</u> déjà à votre
     C   D
disposition un bon matériel pour entamer vos recherches.

A. ☐   B. ☐   C. ☐   D. ☐

Question 150 : Et avec un <u>accès facilité</u> aux archives par le Minitel <u>ou encore</u> Internet, il est
          A   B
<u>maintenant</u> plus <u>simple à</u> constituer son arbre généalogique.
 C   D

A. ☐   B. ☐   C. ☐   D. ☐

TEF
TEST D'ÉVALUATION DE FRANÇAIS

250 activités

Transcription des enregistrements.................... 3
Corrigés des activités et du test........................ 19

CLE INTERNATIONAL

Activité 62

En raison d'un arrêt de travail d'une certaine catégorie de personnel, une partie des vols intérieurs sont annulés. Les passagers à destination de Nice, Marseille, Toulouse et Strasbourg sont invités à se rendre au comptoir de la compagnie Air France pour échanger leurs billets contre des premières classes en TGV. Les autres vols sont maintenus mais pourront avoir un retard de 30 à 45 minutes. Nous vous prions de bien vouloir nous excuser pour les désagréments occasionnés.

Activité 63

Au rayon charcuterie, aujourd'hui, Carrefour a sélectionné pour vous un saucisson pur porc de l'Aveyron ! N'hésitez pas à le goûter au petit stand de dégustation et à profiter de l'offre spéciale du jour, trois saucissons pur porc de l'Aveyron pour le prix de deux !

Activité 64

Mesdames et messieurs, suite à un problème technique dans la salle de projection, nous nous voyons dans l'obligation d'interrompre la projection du film. Nous vous prions d'accepter nos excuses et de vous rendre à la caisse pour le remboursement de vos billets.

Activité 65

Le Mondial de football des moins de 19 ans débutera ce vendredi en Afrique du sud. La France sera opposée à un gros morceau, l'Australie, avant de défier l'Afrique du sud et la Géorgie.

Activité 66

Réjouissez-vous, le soleil revient en force pour ce week-end ! Une carte de France sans nuage et des températures qui oscilleront entre 25° dans les régions du nord et de l'est et 30° partout ailleurs, avec des pointes à 35° dans la région Rhône Alpes.

Activité 67

Les producteurs de betteraves voient rouge. Ils sont descendus dans la rue ce matin pour protester contre le projet de réforme du sucre proposé par Bruxelles.

Activité 68

Encore une belle victoire pour Harry Potter ! Le dernier tome est sorti vendredi dernier et près de 7 millions d'exemplaires se sont arrachés en 24 heures, c'est du jamais vu !

Activité 69

Les obsèques d'Anna Primout, la doyenne des Français, qui s'est éteinte samedi dernier à l'âge de 114 ans et 172 jours, se sont déroulées hier matin, au cimetière du sud, à Perpignan.

Activité 70

Le parc Zoologique de Montpellier sera équipé au printemps prochain d'une serre tropicale dédiée à l'Amazonie. Elle sera la plus grande de France consacrée à ce thème. Le projet vient d'être approuvé par le conseil municipal, sous l'impulsion des élus Verts.

Activité 71

Le moulin de Valmy, haut symbole de la révolution française, qui avait été détruit par la tempête de 1999, va être reconstruit et inauguré l'été prochain.

Activité 72

Selon une étude effectuée au Canada, les saumons sauvages sont gravement menacés par un parasite, le pou du saumon, qui s'échappe des fermes d'élevage.

Activité 73

Les démographes du monde entier sont réunis à Stockholm jusqu'au 23 juillet. Ils participent à un congrès international sur la population. La planète compte aujourd'hui 6 milliards et demi d'habitants et en comptera 9 milliards dans 50 ans…

Activité 74

Le gouvernement a décidé de privatiser le capital de 3 grandes sociétés d'autoroute. L'appel à candidatures est ouvert depuis ce matin et le choix des lauréats sera connu à l'automne prochain.

Activité 75

Faut-il surveiller les enfants quand ils sont sur Internet ?

Personne 1 : Moi, personnellement, je suis toujours à côté de mes enfants quand ils vont sur Internet. Bien sûr, c'est un petit peu en fonction de leur âge. Mais jusqu'à 13-14 ans, je serai derrière leur dos à chaque fois qu'ils iront sur Internet.

Personne 2 : Pour l'instant, ma fille ne sait pas encore bien se servir d'Internet. Pour moi, ce n'est donc pas vraiment un problème. Je ne sais donc pas trop quoi vous répondre. On verra plus tard !

Personne 3 : Je n'arrive pas forcément à les contrôler lorsqu'ils vont sur Internet. D'une part, ils maîtrisent l'informatique mieux que moi et d'autre part, quand je ne suis pas là, ils font ce qu'ils veulent. Alors, il faut avoir une certaine philosophie. Et puis, je crois que plus on les surveille, plus ils ont envie d'aller sur les sites pas très catholiques. Alors… Ah quoi bon ?

Personne 4 : Je suis prêt à utiliser toutes les sécurités possibles pour protéger et contrôler mes enfants par rapport à Internet. Moi-même, je suis parfois choqué lorsque je vais sur Internet. Pour moi, c'est encore plus dangereux que la rue.

Personne 5 : Personnellement, cela ne m'inquiète pas trop. Je pense qu'ils sont raisonnables et je leur fais entièrement confiance. Je n'aime pas être tout le temps derrière eux. Je n'ai pas envie de les surprotéger.

Personne 6 : Je pense que l'accès à Internet est difficile à réglementer et que le contrôle parental est nécessaire. Mais bon, il ne faut pas exagérer non plus. Il faut que les enfants aient conscience du danger mais on ne peut pas toujours les avoir à l'œil !

Activité 76

Prenez-vous vos médicaments en toute confiance ?

Personne 1 : Moi, je ne suis pas du tout inquiète. Je lis la notice explicative mais c'est par habitude. Je ne pose pas beaucoup de questions au pharmacien sauf celles concernant les allergies. Mais en dehors de ça….

Personne 2 : Je fais très attention. Beaucoup de médicaments sont dangereux pour la santé et je demande toujours des indications à mon médecin et surtout j'évite d'en consommer !

Personne 3 : Je ne suis pas du tout méfiante. J'ai du mal à croire que les médicaments puissent provoquer un handicap. On est déjà exposés à tant de choses nocives, comme la cigarette, la pollution ! Il ne faut pas exagérer !

Personne 4 : Je fais plutôt confiance à mon médecin. Je lui demande toujours qu'il me prévienne des effets secondaires et je lis les notices explicatives. Je suis sous traitement et n'ai jamais eu de problèmes mais, dès que quelque chose ne va pas, je vais chez mon médecin. Je ne veux pas m'empoisonner !

Personne 5 : Personnellement, je ne suis pratiquement jamais malade et je prends très peu de médicaments. Je n'ai pas assez d'expérience pour vous répondre de manière pertinente.

Personne 6 : Je n'ai pas le choix. Je suis sous traitement. Mais je fais attention aux effets secondaires. Je n'hésite pas à poser des questions à mon médecin ou à mon pharmacien. Quand il y a des médicaments qui sont retirés du marché, on est bien obligé d'être prudent.

Activité 77

Dans la série *Les métiers qui font rêver*, France 2 propose ce soir une émission enregistrée dans une caserne de pompiers près de Marseille. Les pompiers font partie des Français les plus populaires de notre pays et pourtant le métier est assez mal connu.
Comme le rappelle le Capitaine Berthier, qui dirige le centre de secours d'Aubagne, la mission du pompier « recouvre la protection des personnes, mais aussi celle des biens et de l'environnement ».
Les pompiers, ces hommes, ces héros veut être une émission positive mêlant information et divertissement. De nombreux reportages feront découvrir les différentes facettes de ce métier et rendront hommage à tous ces hommes qui n'hésitent pas à risquer leur vie pour en sauver d'autres.
Les pompiers, ces hommes, ces héros, c'est ce soir à 21h sur France 2 !

Activité 78

- Bonjour, Céline Pasteur. Vous avez 23 ans et vous avez reçu le grand prix Créateur Femmes 2005 lors du Festival International de la Mode de Dinard. Vous allez nous raconter votre passion pour la mode. Comment en êtes-vous arrivée à préparer ce concours ?
- Je connaissais le festival de Dinard depuis longtemps. On m'avait dit que c'était un bon tremplin pour les jeunes créateurs qui souhaitent créer leur propre marque. Alors, j'ai tenté ma chance... De plus, j'ai un cousin qui y a participé l'année dernière, et il m'a incitée à me présenter.
- En quoi cela consiste ?
- Nous étions 500 concurrents au départ. Et j'ai été sélectionnée avec neuf autres jeunes créateurs.
- Quel était le thème de votre collection ?
- Le chic parisien associé à un côté ethnique, inspiré de l'Afrique et du Tibet. J'ai créé des vêtements pour les femmes actives, qui aiment voyager. Face au stress que génère la vie quotidienne, j'ai imaginé des tenues à la fois confortables et féminines, surtout des vestes côté couleur, j'aime le noir, le gris, le beige, le blanc, le kaki.
- Quels sont vos projets ?
- Je travaille à enrichir ma collection en vue de créer ma propre marque. Je vais investir l'argent que j'ai gagné au concours dans ma collection. J'aimerais que mes vêtements soient vendus dans des boutiques de jeunes créateurs.

Activité 79

- La petite chronique du jour, bonjour ! Aujourd'hui, nous répondrons à la question

suivante : *Faut-il ou non breveter les programmes informatiques comme on dépose un brevet pour un médicament ?* Gaëtan Soucy nous donne son avis.
- Oui, effectivement, actuellement en Europe, les logiciels sont sous le régime juridique du droit d'auteur. Mais tout risque de changer. Il est question d'instaurer les brevets en Europe comme aux États-Unis. L'Europe doit se prononcer la semaine prochaine sur ce dossier très controversé.
- En quoi consiste cette controverse ?
- Pour vous résumer, d'un côté, les grandes entreprises sont pour, mais de nombreuses petites sont contre. Par exemple, le PDG d'une petite société Italienne d'informatique, Nox, estime que cela va nuire à l'innovation. À l'inverse, les grandes entreprises estiment qu'il est logique et indispensable de protéger les logiciels avec des brevets comme n'importe quelle innovation technique.
La directrice des affaires juridiques chez Microsoft France, assure que les brevets offrent plus de garanties que le droit d'auteur pour les logiciels.
- Comment sera prise cette décision ?
- Il y aura un vote sur les brevets logiciels. Il doit intervenir en principe mercredi prochain au parlement de Strasbourg.

Activité 80

L'équipe de *Femme Actuelle* a décidé de suivre sur les routes de France un couple d'aventurières un peu particulier...
Céline, 23 ans, non voyante et Nadine, sa mère, 54 ans, circulent sur leur tandem de Dunkerque à Bayonne. Elles sont parties le 29 juin dernier du Nord de la France et comptent bien arriver 2 mois et 1600 km plus tard tout au Sud de la France.
Mère et fille pédalent à deux sur le même vélo, partageant des sensations bien différentes. Nadine, devant, les yeux grands ouverts, décrivant les paysages que Céline, elle, ne voit pas mais sent. C'est avec les oreilles, le nez qu'elle voyage et c'est ainsi qu'elle apprend à voir autrement depuis l'âge de 5 ans.
Chaque semaine nous écoutons leurs impressions de voyage le temps d'une étape et aujourd'hui elles viennent de poser pied à terre à Dieppe, en Normandie. Nous écoutons Céline...

Activité 81

Victor Ferreira est le directeur de Max Havelaar France, le label qui garantit le commerce équitable. Il est interrogé par notre journaliste Tatiana Milanez :

- Le café a été le premier produit commercialisé dans le cadre du commerce équitable. Pourquoi ?
- Le mouvement est parti d'une demande de petits producteurs du Mexique. Le courant alternatif qui fonctionnait avec des boutiques spécialisées pour la vente de produits artisanaux n'était pas adapté. Le café est un produit de grande consommation. Il fallait donc pouvoir être partout avec un signe distinctif.
- Faut-il vraiment encourager le développement de la production du café alors que le marché est en crise ?
- En 1988, lors de la création du label, le problème des petits producteurs était surtout l'accès au marché. Il fallait les aider à sortir des griffes des mafias locales. La chute des prix est intervenue après.
La crise est surtout due au développement des productions du Vietnam et du Brésil, deux pays dans lesquels on trouve surtout de grosses plantations mécanisées. Nous nous occupons de petits producteurs. Ils n'ont pas le choix : le café constitue souvent leur seule source de revenus.

Il faut savoir que le café est la deuxième matière première après le pétrole. Vingt-cinq millions de familles vivent de sa culture à travers le monde, dont 70% de petits producteurs. Pouvoir vivre de leur production est un impératif pour éviter l'émigration vers les grandes villes ou la tentation de cultures moins licites.
A moyen terme, le commerce équitable constitue un tremplin pour se diversifier dans l'élevage et l'artisanat...

Activité 82

- Bonjour Sonia, vous êtes présidente de l'AFJ, l'association des femmes journalistes. À quoi sert cette association ?
- Elle a pour rôle de défendre la place des femmes dans les médias. Ce qui marche dans deux sens : d'une part, défendre leur place effective au sein des rédactions, veiller à ce qu'on respecte la parité, qu'on traite bien les femmes journalistes, aider les pigistes à trouver du travail.... Et d'autre part, faire attention au traitement de l'info, à la place des femmes dans les médias.
- Quelle image de la femme les médias propagent-ils ?
- Vous savez, les médias ne font que refléter un problème social... Il est vrai que la vision des femmes à la télé est plutôt effrayante. On a le choix entre les super héroïnes qui n'ont aucune vie privée, ou bien les femmes au foyer.
Quant aux autres médias, il y a toujours un véritable problème de parité. On donne trop peu la parole aux femmes, il est malheureusement rare de trouver des interviews ou des avis de femmes.
- Comment l'association aide-t-elle les femmes journalistes ?
- Nous regroupons toutes sortes de personnes de la profession : journalistes en place, pigistes, documentalistes, reporters... Nous essayons d'abord de les aider au quotidien à trouver des formations, des idées, à placer des sujets s'il s'agit de pigistes.
Nous organisons aussi des rencontres et des discussions entre journalistes de toutes origines pour discuter de leurs difficultés. Nous décernons aussi des prix, qui servent surtout à nous faire connaître.
- Et quel est votre objectif pour l'AFJ, à présent que vous en assumez la présidence ?
- J'aimerais redonner un souffle nouveau à l'association en me concentrant sur les actions de terrain, en fédérant un réseau avec les autres associations féministes, en aidant réellement toutes nos adhérentes. Mais attention, il ne s'agit pas d'une bataille contre les médias. Au contraire, il s'agit de collaborer et de réfléchir ensemble pour faire avancer les choses.

Activité 83

Mon ami va habiter dans l'appartement **du dessous.**

Activité 84

Il a rendez-vous avec Jacques jeudi

Activité 85

Ils se sont tous **embrasés.**

Activité 86

Ça ne lui a pas enlevé sa grâce.

Activité 87
Sur la scène, il y avait un grand palais.

Activité 88
Ses **branches** se sont endommagées.

Activité 89
Un de ses **pétales** est tombé.

Activité 90
Rien n'est vrai dans ce que tu as rapporté.

Activité 91
Regarde, le soleil **se lève** !

Activité 92
Bonjour, je voudrais parler à madame Savain.

Test d'entraînement

Activité 187

- Bonjour monsieur, est-ce que je peux vous renseigner ?
- Bonjour madame, je voudrais aller à Genève pour une semaine. J'aurais aimé savoir quelles sont les différentes possibilités. Je voudrais partir vendredi soir.
- Oui... Alors... Vous pouvez partir en avion. Dans ce cas, vous avez un avion qui part à 21h05 et vous arrivez 50 minutes plus tard à 21h55. Euh... Il y a aussi un autre vol : départ 23h, arrivée 23h50.
Sinon il y a le train... Vous avez un train de nuit qui part à 23h55. Il est direct et vous serez à Genève le lendemain matin à 6h et quart.
Et puis dernière solution, le bus. Il y en a un qui part tous les soirs à 22h et arrive en général à Genève le lendemain matin à 7h moins le quart.

Activité 188

- Monsieur... Je peux faire quelque chose pour vous ?
- Oui, je veux bien... Je cherche une lampe, je ne sais pas très bien encore ce que je veux... Cela dépendra de ce que vous avez...
- Vous n'avez pas une petite idée ?
- Non, aucune... Enfin, c'est surtout pour avoir un bon éclairage quand je m'installe pour lire, dans un fauteuil...
- C'est déjà une bonne indication... Tenez, celle-ci, avec un pied en métal, fin, un peu haut... En la mettant derrière vous, vous auriez une bonne lumière.
- Je n'aime pas les franges, là, qui pendent de l'abat-jour.
- Et la belle, là, à côté du canapé bleu ?
- Elle n'est pas mal, mais le pied en terre cuite, je le trouve trop gros, trop rond. Elle prendrait trop de place chez moi.
- Alors, celle-ci... Avec ses trois petits pieds en cuivre et son abat-jour en verre, en forme de cloche retournée, elle est plus petite et plutôt originale.
- Oui, mais son style ne va pas du tout avec le mobilier que j'ai chez moi... Par contre, l'autre, là, avec son abat-jour en forme de dôme et son pied conique, elle n'a pas l'air mal !... On peut l'allumer ?
- Bien sûr, monsieur... Voilà !
- Oh, allumée, elle est encore plus jolie !... Je la prends.

Activité 189 (message n°1)

C'est Maman. J'appelais pour savoir si tout s'était bien passé. Viens dîner demain soir pour me raconter. Appelle-moi dès ton retour. Je t'embrasse.

Activité 190 (message n°2)

Bonjour. C'est un message de Monsieur Dumas pour Madame Boulay. Il ne me sera pas possible d'être là à 16 heures pour notre séance de travail du 18 mai. Peut-on la repousser d'une heure ? Rappelez-moi sur mon portable. Merci.

Activité 191 (message n°3)

C'est Julie. Un message pour les parents. Ça fait trois fois que je vous appelle et vous n'êtes jamais là ! J'ai besoin de votre accord de toute urgence pour l'appartement. Il y a d'autres personnes sur le coup. Dépêchez-vous de me rappeler. Je serai là à partir de 20 heures. Salut.

Activité 192 (message n°4)

Ici la Maison des vins du domaine de la Girouette. Nous sommes actuellement dans votre région et nous aimerions vous inviter à déguster nos grands crus. N'hésitez pas à nous appeler au 02 53 24 12 19 pour prendre rendez-vous. À bientôt !

Activité 193 (message n°5)

Salut Sébastien, c'est Anne. J'ai deux places de plus pour aller au concert de salsa du 16 août. Si toi et ta copine vous êtes intéressés, rappelle-moi vite avant demain.

Activité 194 (message n°6)

Bonjour, Paul Jouvet, de votre agence EDF, à Villeneuve-Saint-Georges. Nous proposons actuellement à nos abonnés une évaluation gratuite de la qualité de l'isolation thermique de leur habitation. Si vous êtes intéressé, veuillez reprendre contact avec moi au 01 68 60 46 78, poste 217. Merci.

Activité 195 (message n°1)

Mesdames et messieurs, veuillez avoir l'amabilité de regagner vos places dans les tribunes. Le match va reprendre dans quelques instants, merci.

Activité 196 (message n°2)

Martine, notre spécialiste du rayon pâtisserie, vous attend aujourd'hui et demain pour vous faire goûter une de ses spécialités, le chausson aux pommes. Venez vite, c'est une merveille !

Activité 197 (message n°3)

Le vol 345 à destination de Madrid a été retardé de deux heures pour des raisons techniques ; nous prions les passagers de ce vol de se présenter porte 8.

Activité 198 (message n°4)

Mesdames et messieurs, dans quelques instants, nous arriverons en gare de Saint Pierre des Corps. Saint Pierre des corps trois minutes d'arrêt. Les voyageurs pour Châteauroux sont invités à emprunter le passage souterrain pour prendre leur correspondance, voie 9.

Activité 199 (information n°1)

Pour son retour sur les cours après une grave opération au genou, l'Autrichienne Martina Züber remporte le tournoi de Leipzig en battant en finale la française Nathalie Joulin en 2 sets.

Activité 200 (information n°2)

Lancement réussi cette nuit pour Atlantis. La navette américaine a décollé de Floride avec 7 hommes d'équipage à son bord.